特色学校聚焦丛书　**丛书主编　杨四耕**

面向每一个
生命的教育

陆　晔◎著

华东师范大学出版社

·上海·

图书在版编目(CIP)数据

面向每一个生命的教育/陆晔著.—上海:华东师范大学
出版社,2022
(特色学校聚焦丛书)
ISBN 978 - 7 - 5760 - 2623 - 8

Ⅰ.①面… Ⅱ.①陆… Ⅲ.①学前教育－教学研究
Ⅳ.①G612

中国版本图书馆 CIP 数据核字(2022)第 035625 号

特色学校聚焦丛书

面向每一个生命的教育

丛书主编　杨四耕
著　　者　陆晔
责任编辑　刘　佳
项目编辑　林青荻
特约审读　王　杉
责任校对　郭　华　时东明
装帧设计　卢晓红

出版发行　华东师范大学出版社
社　　址　上海市中山北路 3663 号　邮编 200062
网　　址　www.ecnupress.com.cn
电　　话　021 - 60821666　行政传真 021 - 62572105
客服电话　021 - 62865537　门市(邮购)电话 021 - 62869887
地　　址　上海市中山北路 3663 号华东师范大学校内先锋路口
网　　店　http://hdsdcbs.tmall.com

印 刷 者　浙江临安曙光印务有限公司
开　　本　787×1092　16 开
印　　张　13
字　　数　199 千字
版　　次　2022 年 8 月第 1 版
印　　次　2022 年 8 月第 1 次
书　　号　ISBN 978 - 7 - 5760 - 2623 - 8
定　　价　44.00 元

出 版 人　王　焰

(如发现本版图书有印订质量问题,请寄回本社客服中心调换或电话 021 - 62865537 联系)

好学校的性格色彩

　　这些年,我与中小学、幼儿园有许多"亲密接触"。从这些学校中,我发现了一个"秘密":好学校总有自己的性格色彩,总有自己的精神属性。

好学校有丰富的颜色

　　好学校一年四季都有风景。春天,你走进它,有各色花儿,红的像火,粉的像霞,白的像雪。夏天,你置身其中,绿草茵茵,就算骄阳似火,也有阴凉。孩子们可以踢球、打滚,可以任性。秋天,你老远就可以看到,枫叶红了,橘子黄了,婀娜多姿;冬天,你靠近它,香樟绿环绕着你,垂柳枝笼罩着你,你不会觉得单调。当然,环境的价值不在于"装扮",而在于让心灵沉静,让生命多彩。它是生命哲学的演化,是内心深处的讴歌与赞美。法国思想家卢梭说教育的核心是"归于自然"——回归"自然状态",回归人之原始倾向。善良总存在于纯洁的自然之中。好学校总是拥有自然的纯净与原始美,它努力让孩子们与美好相遇。静谧,美好——好学校是温润的。

好学校有足够的成色

成色是衡量一所学校教育境界的一个指标,是一所学校的"育人"含金量。如果一所学校的含金量定位为考试成绩,它的成色就是混浊的;如果一所学校的含金量定位为立德树人,它的成色就是清纯的。黎巴嫩诗人纪伯伦说过:"我们已经走得太远,以至于忘记了为什么而出发。"教育是为着我们不曾拥有的过去,为着我们不曾经历的当下,为着我们不曾想到的未来。教育之原点在激发想象,而不仅仅是学习知识;教育之原点在发展理性,而不仅仅是讲授道理;教育之原点在鼓励崇高,而不仅仅是理解规范;教育之原点在丰富经历,而不仅仅是掌握技艺;教育之原点在温暖心灵,而不仅仅是强化记忆;教育之原点在强健身心,而不仅仅是发展智能;教育之原点在点亮人生,而不仅仅是预知未来。回归原点,是好学校的立场。不功利——好学校是纯粹的。

好学校有优雅的行色

优雅是让人向往的,有来源于生命本身的气质。每一个人都行色匆匆,孩子们被课业压得喘不过气来,教师被成绩比较而形成优劣阵营,这样的学校就不会是一所好学校。什么是好学校?孩子们表情舒展,教师们精神敞亮——每到一所学校,我总喜欢以这样的眼光去观察师生的生命状态。我发现,在好学校,孩子们的脸总是明晃晃的,有美好期待;教师的行色总是从容优雅,有专业自信。女孩子清新可人,男孩子风度翩翩,生命在人性层面焕发出动人光彩。一句话,每一个生命都自然而然地生长,这里有一种难以言说的气息在校园里弥漫开来、传播出去。面对此,我只能说:好学校是舒展的。

好学校有鲜明的特色

办学特色是一所学校整体呈现出来的系统性特征,集中表现在基于学校文化的课程体系。学校办得好不好,不在于规模有多大,而在于特色是否鲜明,是否有足以体现自己文化的课程架构。好学校行走在有逻辑的课程变革之路上,努力让学校课程富有倾听感,关注学生的学习需求;拥有逻辑感,建构严密的而非拼盘的课程体系;嵌入统整感,更多地以整合的方式实施而非简单地做加减法;饱含见识感,以丰富学生的学习经历为取向;提升质地感,课程建设触及课堂教学变革,课堂教学呈现出新的文化样态。一句话,好学校课程目标凸显内在生长,课程内容突出学习需求,课程结构强调系统思维,课程实施张扬生命活性,课程评价与管理彰显主体向度。好学校关注学习方式的多变性和场景性、学习时间的灵活性和可支配性、学习空间的多元性与舒适性、学习资源的丰富性和易得性,让所有的时空都成为课程场景,让孩子们学习作品的形成、展示、发布、分享成为校园里最美的景观,让时空展现出生命成长的气息和灵动。是啊,好学校有生命里最美好的记忆。

好学校有厚重的底色

厚重的底色不在于办学时间长短,而在于拥有强烈的文化自信。进入学校,我喜欢看墙上的"文字"。多年经验告诉我,文化不在墙上,很多时候,墙上的文字越多,学校的文化含量越低。道理很简单,大量文字堆放在墙上,说明这种文化还没有被老师们普遍认同,更谈不上内化于心、外化于行;说明这种文化还缺乏影响力,还没有被大众广泛接受,需要宣示和传播。一所学校是否拥有自己的教育哲学,是否拥有自己的教育信仰,是它"底色"如何的重要侧面。毫无疑问,好学校应该有自己的教育信仰。但是,教育信仰不是文字游戏,不是专家赐予的东西。信仰是从内心深处生长出来的,是从脚底下走出来的,是从指尖流淌出来的,是慢慢地生长、慢慢地走出来、慢慢地流淌出来的东西。唯有"慢慢地"才能"深深地","深深地"才能"牢牢地",扎下根来,进入我们的灵魂,融入我们的血液,成为我们生命的构成,成为我们前行的力量。文化总是无言或少言,但让人作出判断和选择。好学校,你一走进去,一种向往感、追慕感、浸润感便油然而生。因此,好学校是柔软而有力的。

美国思想家梭罗在《种子的信仰》一书中把好学校比喻为"一方池塘",每一个孩子在其中如鱼得水,自由自在,这就是"回归自然"的状态。不是吗? 好学校总是这样的——温润,纯粹,舒展,美好,柔软而有力——这也是本套丛书聚焦的一批学校的性格色彩。

杨四耕

2019 年 5 月 30 日于上海市教育科学研究院

目　录

第一章　我的幼教梦：面向儿童的教育

让每一个孩子唱响自己，成为不一样的自己，这是我的幼儿教育梦想。"MY课程"注重倾听、识别并满足每一个幼儿学习与发展的需求，赋予幼儿自主选择和主动成长的权利，挖掘幼儿个体潜能，彰显其个性特点，让孩子们焕发生命活力，促进幼儿成为"有主张、喜探究、乐做事、愿交往"的儿童。

第二章　我的育人思：促进个性生长的课程

幼儿的学习与发展具有共同性、多元性和独特性的特点。我们从需求的特点出发架构"MY课程"，形成共同性课程、菜单式课程和阶梯微课程三大课程体系，确保满足幼儿全面和谐发展的基本需求，兼顾幼儿发展需求的多样性及个体发展需求反应的多样性，满足不同幼儿特有的、差异化的发展需求。

第三章　我的师培道：抓住教师这个最活跃的要素

从"看得见每一个孩子"，到"让每一个孩子活起来"，再到"让每一个孩子有获得感"，这些都离不开教师的专业支撑。教师是教育最活跃的要素，指向每一个孩子的教育需要这个最活跃的要素强劲而有力量。为幼儿发展赋能，让教师逐步摆脱基于经验的教，让教更有针对性地服务学，这是教师管理的核心。

第四章　我的管理经:最好的管理就是看不到管理

　　卢梭有一个观点:"什么是最好的教育?最好的教育就是无所作为的教育:学生看不到教育的发生,却实实在在地影响着他们的心灵。"我以为,最好的管理就是看不到管理,管理不是少数人的事,每一个人都是管理者和被管理者,这样的管理才能为幼儿园注入更多的智慧和活力。

第五章　我的行知途:未来是需要创造的地方

　　未来,是一个人想去的地方;未来,是一个需要探索的地方。展望未来,激发每个幼儿的兴趣和内在潜能,满足不同幼儿的发展需求是教育转型的关键,更是我们幼儿园改革探索的新起点。面临许多挑战,我们坚信,只要走好当下的每一步就会有收获。未来,让我们一步一步来……

前　言

面向每一个生命

　　上海市嘉定新城实验幼儿园创办于 1963 年,前身为"嘉定县职工幼儿园"。1990 年、1993 年先后更名为"嘉定区(县)实验幼儿园";2002 年被评为上海市示范性幼儿园;2010 年,开办新城部,幼儿园呈一园三部格局;2017 年,新城部独立建制,设立"上海市嘉定新城实验幼儿园",辖新城部、格林部、花园部三个园区。幼儿园现有班级 34 个,幼儿 932 名,教职工共 160 人,其中在编教师 75 人,在编职工 5 人;非在编人员 80 人。中学高级教师 3 人,一级教师 23 人;现有区级以上骨干教师 5 人,园级骨干教师 6 人,园潜力教师 6 人,骨干教师梯队建设发展良好。

　　幼儿园以"让每个生命绽放精彩"为办园理念,引领教工认真学习国家和上海市的学前教育课程理念及课程政策,明确启蒙阶段的育人任务,深化幼儿园二期课改,在理论与实践探讨中牢牢把握幼儿园课程改革的正确方向。在各级领导关心指导下,全体教工努力进取,攻坚克难,在课改中取得了丰硕的成果:教师专业素质得以提升,年轻骨干教师不断成长;幼儿园示范辐射功能增强,办园成效得到社会、家长的高度认同;幼儿园先后被评为上海市文明单位、上海市教师专业发展学校暨见习教师规范化培训基地学校、上海市"三八红旗集体"、上海市"巾帼文明岗"、上海市家庭教育示范校、上海市语言文字规范化示范校、嘉定区教育综合改革示范校、嘉定区教育系统办学优秀单位等荣誉。

一、幼儿园课程发展过程

　　课程实施必须基于幼儿园已有的课程基础,以幼儿园原有的课程条件为起点。为此,梳理幼儿园课程基础,我园主要经历了以下几个发展阶段:

(一) 幼儿社会性课程的初步构建

1996 年—2000 年,我园以市级课题"面向社会,学会适应选择"的研究为契机,结合课题研究成果,在幼儿园开设"幼儿社会性课程",初步建立起幼儿社会性发展的课程体系。该课程主要通过集体教学活动的形式实施,有效地发挥了促进幼儿社会性发展的功能和作用。

(二) 幼儿社会性发展和早期阅读发展的园本课程的构建

2001 年—2004 年,结合二期课改课程综合的基本理念,我园继续优化"面向社会,学会适应选择"的市级课题研究成果,以"主题式综合活动"的模式构建幼儿社会性课程,开展综合性的幼儿"社会性活动"研究,在此基础上,幼儿园形成了多种形式的、系列化的社会性主题活动,既包括集体教学活动,也包括小组活动以及个别化学习活动三种形式的社会性主题活动。

与此同时,在幼儿社会性主题活动课程实施中,我们发现幼儿喜爱的图书故事阅读活动不失为一种有效的课程实施方式,它较好地提高了幼儿参与社会性主题活动课程的兴趣和积极性。自 2006 年开始至今,我园结合两个市级课题、四个区级重点课题,研究幼儿早期阅读,既作为幼儿社会性主题活动课程的重要实施方式,同时,也满足了幼儿学习与发展中的自主阅读及语言倾听、理解与表达方面发展的需求。

2005 年开始,我园全面使用新课程教材。在以二期课改新课程教材为蓝本实施基础性课程的同时,我园融入前期有一定积淀的社会性及早期阅读课题研究成果,将幼儿社会性主题活动课程融入到基础性课程中加以实施。在全面实施二期课改基础性课程的同时,园本幼儿社会性及早期阅读课程的融入和实施较好地促进了幼儿社会性及阅读能力的发展,同时,也在一定程度上丰富了本园的基础性课程,突出了本园课程在培养幼儿社会性及早期阅读方面的特色。

(三) MY 课程理念的初现端倪及课程构建的研究

2010 年颁布的《上海市中长期教育改革与发展规划纲要(2010—2020 年)》提出了

"坚持以人为本、促进公平"的指导思想,提出了"为每一个儿童健康、幸福成长实施快乐的启蒙教育"的重点任务。

为此,我园顺应教育改革发展的要求,深入开展了课题《基于每个幼儿充分发展的教育过程公平实践研究》的探究,旨在通过研究让每一名幼儿在保教活动实施中都能通过活动获得同等发展的条件和机会,都能最大限度地发展自身个性和潜能,达到最好的发展水平和状态。

伴随实践研究的过程,"为了每一个孩子充分发展"的教育公平理念逐渐被教师所认同。借着市级课题《基于幼儿学习需求的"MY课程"的规划与实施研究》的契机,幼儿园在原有"为了每一个孩子充分发展"教育过程公平研究的基础上,开始了园本课程的深入研究与实践——构建MY课程①,旨在通过MY课程的实施,保证幼儿获得成长过程中最基本经验的同时,又能实现自身潜能和个性的充分发展。

二、幼儿园课程理念

依据《上海市中长期教育改革和发展规划纲要(2010—2020年)》中明确提出的学前教育要"为每个幼儿的健康幸福实施快乐的启蒙教育",立足《上海市学前教育课程指南》"幼儿发展为本"的课程理念,遵循"让每个生命绽放精彩"的办园理念,幼儿园提出让每个幼儿"唱响自己,个性生长"的课程理念。在我们看来,"唱响自己"是指MY课程提供每个幼儿主动表达学习与发展中的需求的机会,发现、识别、尊重和满足每个幼儿对学习与发展的需求,赋予幼儿自主选择和活动的权利,让幼儿获得全面和谐的发展。"个性生长"是指MY课程提供丰富的、均衡的、互补的各类课程,增强课程的选择性和适应性,课程实施中注重对幼儿个体潜能的挖掘和个性特点的彰显,让幼儿焕发生命活力和精彩,富有个性地、多元地发展。

依据《上海市学前教育课程指南》中学前教育课程目标、《3—6岁儿童学习与发展

---

① 本书所述"MY课程"即"我的课程"。

指南》中的目标,结合 MY 课程理念,旨在通过 MY 课程的实施让幼儿做自己活动的主人,发挥自己的个性,成为"有主张、喜探究、乐做事、愿交往"的健康活泼、全面和谐发展的儿童。在我们看来,有主张的儿童,乐观自信,善表达,敢质疑;喜探究的儿童,好奇善问,爱观察,会思考;乐做事的儿童,学会自理,习惯好,有责任;愿交往的儿童,遵守规则、能合作,愿助人。

三、幼儿园课程结构

MY 课程基于幼儿学习和发展的需求。为此,综合考虑幼儿学习与发展需求的共同性、多元性和个体性的三大特点,MY 课程可相对划分为以下三大类:

MY 基础性课程:是指为满足全体幼儿终身发展所需的基本经验而设置的课程。该类课程以上海市二期课改的共同性课程为蓝本,旨在通过 MY 生活,MY 运动,MY 游戏和 MY 学习四类活动,满足本园每个幼儿学习与发展的需求,赋予幼儿自主选择和主动成长的权利,让幼儿得到全面和谐的发展。

MY 菜单式课程:是指为满足幼儿的多样兴趣、多元需求和个性特长,给予幼儿多样学习经历而设置的课程。该类课程是在深入调查和观察分析我园幼儿多元及个性发展需求的基础上,开设的种类丰富的、可自主选择的多元活动。通过菜单式课程提供幼儿自主选择的各种活动,旨在促进幼儿自主地、主动地获得多元、个性化的发展。

MY 阶梯微课程:是指满足个体幼儿持续发展的独特需求而设置的课程。旨在通过定制的具有针对性的、可操作性的、个别化的小型课程,帮助幼儿小步递进地获得持续的、最大化发展。

从以上三大课程体系出发,结合幼儿学习与发展中的具体需求,将课程内容划分为以下的各类活动,每类活动具有各自的内涵和功能,尽量满足幼儿在学习与发展中的各种生理和心理需要。

四、幼儿园课程实施

MY 课程组织与实施的过程是教师创造性开展工作的过程。教师根据 MY 课程的理念和目标,从社区和幼儿园的条件和资源出发,结合本班幼儿的实际情况,开展各种基于幼儿学习与发展需求的,有利于幼儿全面和谐发展的教育活动。

MY 课程立足幼儿本位的课程价值观,需要教师关注幼儿的"学",改变以"教"为主的课程设计及实施的惯性思维,要凸显满足幼儿需求的课程实践。为此,幼儿园提出以"尊重儿童的主动选择,满足儿童的丰富需求,发展儿童的有益经验"为总体实施原则,并从"满足儿童的丰富需求"出发,提出以下课程实施的总体要求。

1. 据需求科学性实施课程

教师应根据幼儿园梳理的 MY 基础性课程的各类活动,应满足幼儿终身发展所应获得的基本经验的共同性外在教育需求,结合对幼儿学习与发展需求的持续性观察、分析和解读,围绕幼儿基本经验来合理、均衡地安排和组织各类活动,提高依据幼儿学习与发展中的共同性需求科学实施课程的专业能力。

2. 为需求开放性实施课程

鼓励教师在活动安排中创设"Free 60 分钟"的板块,让幼儿依据自己的内在个性化需求自主选择和决定活动内容与活动方式,以富有弹性、开放的方式实施课程。在此过程中,教师通过倾听和观察等手段来分析和把握幼儿学习与发展中的各类需求。

3. 因需求自主性实施课程

教师具有课程实施的自主权,根据班级幼儿当下探究学习和活动的需求自行安排和调整作息时间,为幼儿持续地、专注地学习提供支持。同时,教师也可以根据幼儿当前在学习与发展中的需求来自行安排和调整课程内容,灵活考虑各类活动的时间配比。

4. 依需求针对性实施课程

在课程实施中,教师真实客观地把握班级每个幼儿,包括幼儿的气质、性格、学习方式、优势智能等,变以往基于经验的主观了解幼儿需求为基于数据的客观研究。

5. 循需求动态性实施课程

教师在课程实施中,要结合自己的观察来发现、识别幼儿的需求,并能够尊重幼儿学习与发展中的需求,依据幼儿即时表现出的需求内容指向来灵活调整预设的课程内容,动态地选择与幼儿即时生成的需求相适宜的课程实施路径,善于根据幼儿的学习及发展中的各类需求,来改变活动的组织形式。

MY课程的三类课程在实现幼儿园课程目标,满足幼儿学习与发展需求中,具有各自独特的功能和作用,三类课程的具体实施也有相应的实施要求。

(一) MY 基础性课程的实施要求

MY 基础性课程主要指幼儿一日活动各个环节,分为 MY 生活、MY 游戏、MY 运动和 MY 学习四类活动,它们是幼儿获得基本经验的基础保障,是满足幼儿学习与发展的共同性需求的主要活动内容。

教师在 MY 基础性课程实施中,应当以"唱响自己、个性生长"的课程理念为指引,既做到能够围绕幼儿基本经验获得的共同性需求来科学设计与组织各类活动,以满足每个幼儿终身发展中的基本经验获得的需求;同时,又能够在 MY 基础性课程的各类活动实施中,从课程理念的识别、尊重和满足每个幼儿学习与发展的需求出发,赋予每个幼儿自主选择和活动的权利,促进每个幼儿的潜能发挥、个性成长。为此,根据四类活动的性质特点,教师课程实施中的要点如下:

1. MY 生活实施要点

(1)明晰生活课程中幼儿的各类需求。结合《上海市学前教育课程指南》的要求和幼儿发展的需求,教师要明确各年龄段幼儿生活的基本经验,明确幼儿的外部需求,了解幼儿的内部需求,为教师研究幼儿一日科学生活需求提供依据。

(2)基于幼儿内外学习与发展需求梳理生活活动基本经验。在生活活动组织过程中,教师要考虑当前班级幼儿发展的内外在需求,确立生活活动目标,满足儿童学习与发展的共性需求。重视幼儿生活活动基本经验的积累,梳理各年龄段幼儿生活活动的基本经验,根据生活活动各环节及一日活动各环节的特性,将生活活动基本经验贯彻落实于生活活动中,并有机融于其他各个活动环节中,做到与学习、运动、游戏等活动的有效衔接和整合。与此同时,在帮助幼儿生活活动基本经验积累的同时,关注个体幼儿经验获得中的差异化及个性化需求,坚持做到因材施教。

(3) 给幼儿更多按照自己意愿主动选择和决定的机会和权利。创新 MY 生活的活动组织形式,改变以往按教师指令被动地开展生活活动的局面,给幼儿更多按照自己意愿主动选择和决定的机会和权利。例如,鼓励幼儿开展"自选餐桌""自选小床"等活动,幼儿每天拥有自主结伴的机会和权利,按自己的意愿选择共同进餐、共同午睡的同伴,既满足幼儿的生理需求,又发展幼儿的自主意识。

(4) 科学使用日常观察量表了解需求。围绕基本经验获得的需求,借助日常观察量表的科学使用,广泛搜集幼儿的典型行为表现,了解每个幼儿的发展需求,差异化组织生活活动,为每一个幼儿提供适宜、优质的生活服务。

(5) 基于需求创设满足需求的生活活动环境。"班级是由儿童、教师、环境交互作用而产生的'生态系统'。"在"MY 生活"的实施中,教师要根据幼儿内外需求创设温馨、舒适、自主、有序的生活环境。教师依据幼儿活动的实际需要来规划、调整幼儿的生活环境,让幼儿感受自己的需要,管理自己的行为,承担自己的责任。

(6) 家园合作共同培养幼儿生活卫生习惯与自理能力。为客观了解幼儿生活活动的个性化需求,伴随生活活动的实施,教师要善于通过与家长的定期沟通和联系,引导家长利用检核表了解、记录孩子在家的发展情况,帮助家长理性、客观地认识幼儿在生活自理、生活卫生习惯、交往礼仪等方面的发展,家园合力共同实施培养幼儿良好卫生习惯与自理能力的方案。

2. MY 运动实施要点

(1) 持续科学观察和评价幼儿的运动能力发展。关注每个幼儿运动能力的发展,持续地通过科学的观察和评价,了解每个幼儿独特的运动经验和身体发展水平。

(2) 根据幼儿运动能力发展需求形式丰富地开展运动。根据幼儿动作和体能的实际特点科学制定差异化的活动方案并加以实施,有针对性地实施个体、小组和集体多种形式的运动活动。

（3）结合每日运动具体内容关注幼儿需求灵活地开展运动。

3．MY游戏的实施要点

（1）提供幼儿自主游戏的机会。首先要将游戏的自主权还给幼儿，提供幼儿自由游戏的机会，鼓励幼儿自主选择游戏内容、角色、玩伴、场地、材料等，并自主决定游戏的情节和进程。教师重在观察幼儿的游戏过程，解读幼儿的游戏行为，判断并把握幼儿游戏活动自身的需要，在适当的时机通过给予幼儿工具、材料或提供意见、建议等间接指导的方式来支持幼儿的游戏。

（2）重视自主游戏环境的创设。游戏材料投放应数量充足、种类丰富全面，满足每个幼儿自主游戏的需要。材料投放应兼顾不同发展水平幼儿使用的需求，并根据幼儿的动态需求及时更新和增添。师生应共同收集日常游戏材料，材料的摆放应方便幼儿取用、搭配和随意组合。材料应为幼儿的想象留有余地，供幼儿多样化的使用，满足幼儿创造与想象的需求。师生合作安排游戏空间，并根据幼儿游戏的动态需要作随时更改和变动。同一游戏空间允许幼儿自主地使用，满足幼儿的多种游戏需要。为满足幼儿自主游戏的需求，教师要与幼儿一起商定使用材料和空间的必要规则，并督促幼儿遵守。

（3）观察识别游戏需求决定适当介入游戏的时机和方法。过程中，教师要注重悉心观察游戏，识别幼儿学习与发展中的需求。当幼儿在游戏中因遇到困难、挫折，难以实现自己的游戏愿望时，当幼儿在游戏中有不安全的倾向时，当幼儿在游戏中主动寻求帮助时，当幼儿在游戏中出现过激行为时，当幼儿在游戏中反映不符合社会规范的消极内容时，教师要介入游戏。教师有多种介入游戏的方法，但须以不干扰和打断幼儿的游戏为前提。教师可作为玩伴参与到某一幼儿、某一主题的游戏中去，或在一旁与幼儿开展平行游戏以示范和暗示，也可作为游戏旁观者给予建议、欣赏和鼓励。

（4）鼓励幼儿自主表达需求。提供给幼儿充足的时间去探索与经历游戏过程，让幼儿在游戏中大胆表达自己的各类需求，实践自己的想法，大胆自信地与他人互动交往。鼓励幼儿在游戏中遇到困难和挫折时，尝试各种解决问题的方法，并从观察结果中调整自己的解决策略,接受挫折和困难,感受解决问题的成就感。

(5)善用游戏促幼儿社会性发展。教师可以运用游戏中发生的事件让幼儿在真实情境中学习觉察自己的需求和动机,体会他人的想法和感受,判断自身行为的适当性。要给予幼儿时间,让其尝试自行解决冲突的方法,并帮助幼儿运用协商的方式来制定游戏规则,思考游戏规则的适用性,培养幼儿遵守规则及集体规范的社会能力。

(6)发现、识别幼儿学习与发展需求。除了观察了解幼儿游戏中娱乐本身的需要外,还要从幼儿的游戏行为和情感态度中学习观察解读和识别幼儿的生活经验,以及身体、语言、情感、认知和社会性等方面的现有发展水平,把握幼儿后继的学习和发展需要,从而为幼儿下一阶段的学习创设适宜的教育环境,投放相应的材料,组织合理的教育活动。

4. MY 学习实施要点

(1)运用项目化学习推进幼儿的深度学习。关注幼儿学习方式和发展水平的个体差异而形成的不同需求,提供项目化学习的多元活动形式及进阶式指导,为每个幼儿的主动探索、积极体验和个性化表达创造条件。通过多种活动形式构成的项目化学习,在真实任务驱动下,运用对话式讨论、动手操作、实地参观、创意表达等活动推进幼儿的深度学习。

(2)以小组、个别形式满足幼儿不同的学习方式。持续地观察分析幼儿,根据幼儿学习与发展水平的不同,以小组学习的组织形式开展,以满足同一内容学习中不同发展水平幼儿的差异化学习需求。尊重幼儿的个体差异,要根据幼儿的爱好、兴趣、需要等安排个别化学习内容。在个别化学习开展时,关注幼儿不同的学习方式和认知风格;鼓励并支持幼儿富有个性和创造性的学习与探索、表达与表现。根据幼儿不同的学习方式以及发展水平,予以适切的帮助和引导。对学习有特殊需要的幼儿尤应给予特别关注。

(3)凸显幼儿直接体验式的学习。要重视幼儿学习的过程,尽量创造条件让幼儿通过观察、操作、探究等直接体验来学习,使他们充分感受到学习、探索以及与人合作、交流的乐趣。

（4）注重个体差异。应了解幼儿的个人特质，提供不同的学习素材和活动，让幼儿有机会以自己的速率学习，发展个人能力与兴趣。教师可依幼儿不同的能力拟定不同的学习目标，不要求所有的幼儿在同一时间内完成，以建立幼儿对活动的成就感和自信心。

（5）预设与生成相结合。学习活动是教师有目的、有计划地引导幼儿学习探索的过程，教师应根据课程指南和本班幼儿实际，从幼儿基本经验获得的需求出发，对主题活动及项目化的可能方向、所需环境、资源和材料做切实可行的计划。同时，要善于将幼儿在一日活动中自发生成的，具有发展价值的兴趣点与预设活动的内容有机结合。在师生互动过程中，应关注幼儿即时生成的内容，并给予适时、适宜、适度的回应。

（二）MY 菜单式课程的实施要求

菜单式选择性课程关注和满足群体幼儿多元的、独特的发展需求，在保障幼儿基本经验获取的基础上，发展幼儿的个性特长。菜单式课程实施的总体要求如下。

1. 调研并掌握幼儿多元的学习与发展需求

每个幼儿的经验水平、活动兴趣以及发展需求都不相同，教师要通过家长调查和让幼儿自主表达，以及在活动中对幼儿的观察和分析，科学地识别判断幼儿学习与发展中的个性需求。

2. 基于多样学习经历提供多元活动内容

在分析园内幼儿的多样兴趣、多元需求和个性特长的基础上，针对小群体幼儿的多元的个性化需求整合成相应的板块设计和提供丰富的活动，从共同生活、表达表现、探索世界三大板块，为幼儿提供可供选择的多样学习内容，给予幼儿多样的学习经历。

3. 给予幼儿自主选择和调整的机会

要充分发挥幼儿活动主体性的地位，给予幼儿根据自己的个性化需求选择相应活动的机会，并在活动过程中允许幼儿进行调整和改变。

4. 体现自主性的活动规则

在组织活动时，要尊重幼儿的参与权、发言权。在活动过程中，根据幼儿活动的需要和幼儿共同商议共同决定活动规则,允许幼儿根据活动的变化自主决定规则的内容。

5. 提供多样化的活动形式

允许幼儿以自己独有的学习方式开展活动,获得和建构经验,为此,教师要提供多样化的活动形式,包括集体、小组及个别活动等。

6. 强调活动评价的幼儿参与性

在活动评价中,教师要充分发挥幼儿自主参与评价的意愿,让幼儿结合自己和观察到的他人的活动表现,来尝试进行客观的评价。

7. 活动内容因幼儿兴趣而调整

活动内容并不是一成不变的,应根据幼儿兴趣需求做添加和删减。

(三) MY 阶梯微课程的实施要求及操作要点

MY 阶梯微课程是针对个别幼儿学习与发展中的特殊需求而专门设计的课程。教师在实施阶梯微课程时要注意:

1. 及时发现诊断幼儿学习与发展中的特殊需求

教师在 MY 基础性课程及 MY 菜单式课程的实施中,要善于观察幼儿的表现,及时发现个别幼儿的特殊情况,诊断发现幼儿在学习与发展中的特殊需求,以确定班级阶梯微课程设计与实施的对象。

2. 小步递进,将课程融入于一日生活及活动各环节

对于个别有特殊需求幼儿的关心和指导要坚持循序渐进,针对幼儿特殊需求有意识地、有机地融入于一日生活及活动的各个环节。教师可制定各类小个案计划,有目的地在各类活动中关注个别幼儿,并根据观察到的幼儿特殊发展需要,予以适当的引导。

3. 基于家园互动的合力支持

教师在制定个案小计划之前,要充分与家长进行沟通、商量,与家长共同制定指导方案。在实施各类个案计划时,要与家长及时沟通反馈幼儿在园情况,向家长了

解幼儿在家情况,并指导家长的家庭教育,与家长合作实施必要的干预,支持幼儿的发展。

4. 坚持跟踪观察

教师要坚持对个别幼儿的追踪观察,以个案跟踪记录的方式收集过程性的资料,并进行阶段性分析和评价,掌握个别幼儿的发展情况,适当地调整干预方案。

五、幼儿园课程评价

课程评价的过程是对 MY 课程建设进行正确导向,是教师运用专业知识对教育实践分析、调整的过程,也是促进幼儿富有个性发展的过程。MY 课程评价强调发展性功能。

MY 课程评价要体现过程性,在教师课程实施的过程中,鼓励教师立足于班级持续性地进行课程评价,改进自身的课程实施。同时,园方也要在课程实施过程中及时诊断和发现 MY 课程的问题,并进行 MY 课程规划、设计与实施的调整,修订和完善课程实施方案及方案的落实。

MY 课程注重多样性,运用多种评价方法,多主体、多途径地收集信息来对课程进行客观的评价;同时,注重过程性评价和终结性评价、自评和他评的相互结合。

MY 课程坚持以自评为主,尤其是发挥教师在课程评价中的主体性。外部评价也是以帮助教师改进和提高为目的,注重评价者与被评价者平等基础上的对话与交流,促进外部评价者的意见和建议能够为被评价者所主动采纳和吸收。

MY 课程评价的内容力求全面,包含幼儿发展评价、教师课程实施评价和 MY 课程实施方案评价三个部分。

(一) 幼儿发展评价

1. 评价内容与指标

幼儿发展评价的内容和指标参考《上海市幼儿园保教质量评价指南(试行)》中幼

儿发展部分。

2. 评价方法与评价工具

（1）评价方法

幼儿发展评价以过程性评价为主，评价内容和关注点要均衡地分配在常态教育活动中进行多次、连续观察，及时、客观地记录幼儿各方面的发展情况。过程中建议教师使用的方法包含：①观察法。幼儿发展评价以观察法为主。鼓励教师将结构性观察（有目的、有计划的观察）和非结构性观察（随机观察幼儿偶发表现的观察）相结合。运用观察法时，可采用以下几种具体方法。自然观察法：将幼儿自然表露的行为进行原始、真实的记录，了解幼儿的发展情况，有的放矢地计划和实施教育活动。事件抽样法：事件抽样是观察者事先确定观察目的，对某类型行为进行针对性观察，记录该行为发生的全过程的方法，以帮助教师诊断幼儿发展情况、寻求有效的干预措施和教育策略。情境观察法：将幼儿置于与现实生活类似的场景，根据观察目的控制和改变某些条件，由评价者观察在该特定场景中幼儿的行为。如，教师在组织幼儿使用各种美工材料进行某个主题的创作活动时，就可以观察到不同幼儿使用工具的能力、美术技能、想象力、创造力等多方面的表现。②作品分析法。教师根据幼儿不同时期有代表性的阅读、描述、数学、美工和音乐作品，如绘画、泥塑、幼儿自创的书写符号、自编的故事、自编的舞蹈、建构的作品照片等记录，帮助教师分析幼儿的发展情况。尤其对于小班幼儿，由于幼儿的想法和内心活动主要通过外在行为反映出来。所以，建议对幼儿的作品以及制作作品过程中伴随的行为通过拍照和摄影等方式记录下来，可以更写实地反映幼儿发展的情况。③访谈法。教师在一日活动中充分利用碎片化时间让幼儿表述自己的感受和体验，教师在倾听中了解幼儿的真实想法。同时，利用每日来、离园时间与家长进行交流，以便更全面、准确地了解幼儿的发展情况。④档案袋法。档案袋评定是一种综合性的评价方法，它包括在较长时间内对幼儿发展进行观察和记录，收集并分析幼儿的作品及与幼儿的谈话资料等，经过整理后进行判断，以反馈幼儿在一段时间内的学习过程和成长轨迹。

（2）评价频率

教师基于日常课程实施坚持过程性评价，评价与实施融为一体，评价伴随着实施在每日活动中发生。除了常态化评价，幼儿园在每个学期初和学期末进行幼儿发展的结果性评价，以掌握幼儿身心发展的阶段情况。

（3）评价工具

为了方便教师实施常态化、过程性评价，幼儿园课程管理小组在课程纲要和《上海市幼儿园保教质量评价指南（试行）》的引领下把幼儿各发展领域的基本经验细化为外显行为，形成生活、运动、游戏和学习等一系列幼儿发展观测表，与课程目标高度一致的评价工具。

（二）教师课程实施的评价

1. 评价内容和指标

对教师 MY 课程实施的评价内容和指标参考《上海市幼儿园保教质量评价指南（试行）》的保教实施部分，同时融入 MY 课程理念下的课程实施的要求，最终形成《新城实验幼儿园保教质量自评操作手册》。

2. 评价方法

鼓励教师对照 MY 课程实施的评价内容和指标进行自评，并结合自评进行反思和自主地对课程实施进行调整和改进，不断提升自身的 MY 课程实施能力。

在教师自评的基础上，教研组及园长可结合教研活动的开展对教师的课程实施进行外部评价，并在评价后与教师进行平等对话与交流，促进教师甄别判断并主动采纳合理意见及建议，完善班级的课程实施。具体采取的评价方法有：（1）现场观摩法。现场观摩法是用现场观摩或用摄像的方法将教师的教学活动拍摄下来，组织教师采用个人、小组或集体形式进行研讨，重在引导教师关注教育工作中普遍存在的困惑或教师专业发展中普遍欠缺的能力进行团队反思。每个教师都可以主动参与，自由发表自己的见解，都可以围绕案例进行思考，提出自己解决问题的策略，并通过相互讨论、撞击，理清一些模糊的认识，找出解决问题的对策。（2）反思法。反思法是教师自我评价中的重要方法,重在帮助教师建立反省意识,提升自我工作、自我发展的主动性、积极性,不断发展教师反省认知的能力,使教师成长为反思型教师。我园实行教师反思型自评,对照教师课程实施评价细则常态化地鼓励教师对每周保教工作重点项目进行自评。在自评的基础上,幼儿园以班级为单位实施"三位保教人员互评机制"。每周五下班前,班级两位教师和保育员对一周课程实施进行反馈式互评,总结经验,发现问题,寻找对策调整和改进下一阶段的课程实施计划。(3)周课程反馈法。幼儿园园级层面建立"周课程实施反馈"机制,通过"计划—调研—研讨—评价"四环节模式,每周对幼儿园一日活动保教质量进行监控与过程性管理。负责教学和后勤的两位副园长根据核心组研讨情况各自梳理、总结教学课程实施情况和后勤条线保育工作实施情况,形成《周课程实施反馈报告》,并在校园网上发布,让每位教工自主学习。周课程反馈法为教师完善课程实施提供策略支持,实现了课程质量的过程管理和教工专业的自主发展。(4)教师成长档案。在反思自评与现场观摩的基础上,为每个教师建立专业发展档案,将对教师平时的观摩记录、自评、互评和他评资料放进档案袋,以此来记录教师专业发展的历程。

3. 评价主体

MY 课程评价主体力求多元,包括课程核心组、教研组长或园长、教师和家长。

4. 评价频率

(1)每周一评:课程核心组根据 MY 课程教师实施的评价内容和指标进行评价,并保存在《教师成长档案袋》中;(2)每月一评:各年级的教研组长有侧重点地选择《教师成长档案袋》有针对性地进行查阅资料评价,并在听取教师自评信息的基础上,及时反馈,给出评价意见和建议;(3)每学期一评:园长室成员对教师进行现场观摩评价,系统地帮助教师提高课程实施能力,同时,园长室成员在听取教师个人自评的基础上,给予针对性的指导建议。

(三) MY 课程实施方案的评价

评价内容和指标参考《上海市幼儿园保教质量评价指南(试行)》中课程实施方案

部分。

1. 评价方法

MY 课程实施方案的评价主要使用调研法。幼儿园建立课程管理小组,并形成工作制度。建立不同层面的课程实施方案执行情况汇报点,包括园管理者、教研组长、教师,调研各层面对 MY 课程实施方案的意见。在每周一次的课程管理小组会议上汇总来自各方面的反馈信息,研讨课程实施改进措施与方法。每学期末(6 月)的课程管理小组运用《MY 课程实施方案及实施调整回馈》的表格填写方式,收集全体教师对本园课程实施方案的意见,汇总修改课程实施方案。同时,在幼儿园自评的基础上,定期收集专家及部分家长对课程实施方案的意见。

2. 评价工具

MY 课程实施方案的评价工具主要采用《上海市幼儿园保教质量评价指南(试行)》中课程实施方案部分,同时参考上海市教研室《幼儿课程实施方案评价框架》《幼儿园课程实施方案的评定标准》等标准。

3. 评价主体

MY 课程实施方案的评价主体力求多元,包括幼儿园管理人员、教师,同时,也吸引家长以及有关专家一起参与课程实施方案的评价工作。

为了落实幼儿园课程实施与评价要求,幼儿园成立以园长为领头羊的课程领导小组。在课程领导小组的引领下,形成了一个由课程研究组、课程实施保障组、家长委员会三个中心组成的各司其职、分工合作的管理网络。同时,三类组织进行了课程管理中的具体分工。

第一章

我的幼教梦：面向儿童的教育

让每一个孩子唱响自己，成为不一样的自己，这是我的幼儿教育梦想。"MY课程"注重倾听、识别并满足每一个幼儿学习与发展的需求，赋予幼儿自主选择和主动成长的权利，挖掘幼儿个体潜能，彰显其个性特点，让孩子们焕发生命活力，促进幼儿成为"有主张、喜探究、乐做事、愿交往"的儿童。

第一节　幼儿是主动学习者

在实践中我们发现,"建立联系"是幼儿获取和建构经验的学习过程。蒙台梭利曾说:"我听见,我忘记了;我看见,我记住了;我做过,我理解了。"这句话简洁明了地说明了幼儿学习的重要本质。具体而言,幼儿是通过直接感知、实际操作和亲身体验的方式将新旧经验进行有意义的连接,形成对事物的完整认识。幼儿将新旧经验建立联系的过程,受到已有认知结构、同伴经验以及学习环境等多种因素的交互影响。理解幼儿"建立联系"的过程是教师激发幼儿主动学习、调整和改进教学行为的出发点和重要依据。

项目化学习为幼儿"建立联系"的发生提供了适宜的平台。在项目化学习中,教师通过创设一定的真实问题情境,引导幼儿经历提出问题、小组合作、讨论、探究等多种实践过程,帮助幼儿在实践的过程中建立与已有经验、环境、材料、同伴之间的联系,最终形成幼儿个性化的项目成果,促进幼儿学习能力和学习品质的发展。

为此,我园在研究项目化学习的过程中,坚持以幼儿为学习主体,以幼儿的学习方式为切入点,为幼儿创设"主动学习"的环境,充分支持幼儿主动与新事物建立联系。以下是我们在研究过程中总结的五项教学策略。

一、合理提出问题

问题的提出是开启项目化学习的基础,决定了项目化学习能否顺利进行,对幼儿建立联系的过程有着极其重要的影响。因此,问题的确定尤为重要。我们通过分析发现成功的项目化学习起源于幼儿在实际生活中发现自己感兴趣的问题。这些问题的共性特点为可观察、可体验、可操作。换言之,项目化学习的主题需要与幼儿的已有经验建立联系。此外,教师还需要以课程目标为依据判断问题的合理性,剖析问题背后的教育价值,解读问题蕴含的核心经验。具有以上三个特点的项目问题,既能让幼儿更好地理解学习过程,更加积极地投入探究活动,建立新旧经验的联系,又为教师观察、指导幼儿的学习行为,进行有方向、有目的的指导提供教育依据。

例如,组织大班幼儿开展"影子"这一项目,就是源于幼儿在一次户外活动中自发的"踩影子"和"比影子"活动。教师捕捉到幼儿的兴趣,判断幼儿在解决影子问题的过程中,能通过体验假设、实验、观察、比较和分析,发现影子的特征以及影子在不同时间段的变化;能寻找多种方法验证自己的猜测;能坚持不懈地尝试多种解决方案等。教师以此为基础开展"影子是怎样产生的"项目化学习之旅,鼓励幼儿在已有经验的基础上,开展对影子的探索。通过循序渐进的提问,如"影子是怎么来的""影子是什么颜色的""怎样让影子消失""影子的方向都一样吗"等,激发幼儿的探索兴趣,推动整个活动的进程。因此,在项目化学习的问题设计上,教师只有真正"走近"幼儿,才能敏锐地抓住幼儿的兴趣点;只有深入思考幼儿兴趣点背后蕴含的知识经验才能发挥项目化学习对于幼儿发展的真正价值,帮助幼儿正确建立已有经验与新知识之间的联系。

二、坚持实践操作

好奇、好动、好问是学前儿童典型的心理特点,实践操作是幼儿主要的学习方式。具体的操作不仅能引发幼儿对新问题的思考,而且能帮助幼儿在思考中将新问题与已有经验建立联系,从而形成改造旧经验、获取新经验的智力建构过程。

在开展项目化学习的过程中,我们发现了一个普遍存在的困惑:既然幼儿提出的很多问题完全可以通过查阅书籍或询问成人获得答案,那么为什么我们还要开展实践活动呢?经过激烈的讨论后我们发现,幼儿只有经历了提出假设、动手操作、实践验证的探究过程,体验了挫折与失败、成功与喜悦等感受之后,才更容易在建立联系中通过同化与顺应逐步建构自己的认知,获得更为深刻的经验。在每一次具体实践的过程中,幼儿获取的不仅仅是知识,更是经验的自主建构和学习能力的提升。

例如,在"影子"这一项目中,教师投放了光影操作盒,鼓励幼儿在个别化学习中自主研发、制作影子剧院的播放工具,使幼儿能够将探究中获取的新经验进行创造性的再使用,在同化的过程中实现更高水平的提升。比如,在影子剧《小马和鳄鱼》的创作中,幼儿运用前期探究中积累的影子变大变小的经验将小马的剪影靠近光源,使得小马的形象变得高大,吓跑了可怕的鳄鱼。一旦幼儿的自主学习被激发,教师的主要任务就是站在"幕后推手"的角度,推动幼儿的探究过程向深度和广度共同发展,促进幼儿在同一内容的不同水平以及同一水平的不同内容这两方面实现螺旋式成长。

三、鼓励同伴合作

根据社会建构主义的研究结论,幼儿的学习应该是一个协商和对话的过程。在这一过程中,不同幼儿的经验会呈现在同一个互动空间,幼儿可以在这个平台中通过表达自己的看法、聆听他人的观点,体会自己与同伴对同一事物的不同见解。在这一情境中,幼儿的经验可以迅速融合,更好地接纳各类新知识。例如,在"影子"的项目化学习中,教师鼓励幼儿以两两合作的形式,创造不同的手影游戏。有一个幼儿呈现了蜗牛手影,另一个幼儿在询问了蜗牛手影的形成方法后,结合自己关于刺猬形象的相关经验,在蜗牛手影的基础上,形成了刺猬手影。因此,同伴合作是项目化学习的重要组织形式。在与同伴的合作交流中,幼儿之间的信息分享和倾听能够进一步推动其经验建构,实现在生生互动中完善幼儿自我教育和成长的教学目标。

相关研究表明,当合作中的幼儿交流不同的观点,对如何解决任务中的问题进行争论时,他们内在的思维结构会因为新信息的进入而产生变化,真正的学习由此产生。同伴合作、共同完成任务为幼儿建立与同伴的联系提供了良好的平台和机会。例如,在"桥"的项目化学习中,幼儿对于如何稳固桥墩产生了争执。小明认为用固体胶水可以稳固桥墩,但在实践中发现固体胶水的实际作用不尽人意。小红在与小明交流后,迁移了之前使用美纹纸的经验,与小明一起动手,使用美纹纸成功地稳固了桥墩。在这个过程中,小明获得了新经验,小红也在验证的过程中巩固了自己的已有经验。

四、观察比较,整合思维

在项目化学习中,我们运用观察比较的方式,帮助幼儿准确地掌握事物的不同特点。例如,在"小鸡"的项目化学习中,教师组织"小鸡小鸭"的教学活动,让幼儿运用已有经验对"小鸡小鸭"的外形特征进行比较。在分析幼儿的观察记录时我们发现,幼儿的"比较"是零散的、碎片化的,讨论的方式难以帮助幼儿形成系统思考。

为进一步提升幼儿分析问题、比较差异的思维能力,形成对新旧事物的完整联系,教师运用气泡图的形式,帮助幼儿发现和理解事物的多维特征,建立思维的连接。例如"小兔"的气泡图,就是教师把幼儿在探究过程中遇到的问题进行归类整理,并且这个气泡图是可以动态调整的。随着幼儿探究的深入,幼儿提出的问题也会不断变化。这样的呈现方式,不仅可以帮助幼儿建立起新旧经验间的联系,而且能帮助幼儿将自己的发现和同伴的经验建立联系。此外,教师还在班级中创设互动墙面,依次为发现记录墙、互动问题墙、猜测推理墙和实验探究墙,将幼儿解决问题的抽象思维过程以具体的方式呈现在墙面上,进一步提升幼儿解决问题的能力,激发其主动学习的兴趣。

五、展示个性化成果

在确定项目化主题的过程中,教师需要精准地把握幼儿已获取的知识、概念或技能,鼓励幼儿运用绘画、角色扮演、建构和制作等多种表现方式呈现自己的个性化研究成果。项目成果的展示对幼儿来说有着较大的意义,一是为幼儿运用在探究中获取的知识经验和技能提供平台;二是满足幼儿向他人展示和表现自我的内在需求;三是让幼儿体验解决问题后的成就感和愉悦感。在此基础上,多形式的项目成果展示途径就能充分满足幼儿个性化发展的需求，让每个幼儿都有机会以自己感兴趣和擅长的方式组织自己的探究经验，呈现探究结果。

例如，在"蜗牛"的项目化学习中，幼儿运用自己在阅读《蚯蚓的日记》时积累的诙谐、幽默的语言表现手法，以有趣的方式告诉大家蜗牛的科学知识。又如，在制作"桥"的过程中，幼儿迁移已有经验，将纸杯口均匀剪开成裙摆状，塞进空心的卷筒纸芯，从而增大桥墩与桌面接触面积，解决了桥墩"站不稳"的问题。再如，在影子剧的创作中，幼儿运用了前期探究中积累的影子变大变小的经验，创作出全新的故事《小马和鳄鱼》。如此，幼儿获取的经验和能力在新的学习任务中得以再度使用，在持续推进学习深度的同时，也为下一轮的学习奠定了基础。

总之，在项目化学习研究推进的两年多时间里，我们不断钻研项目化学习的理念和方法，通过持续的实践进行反思。我们认为：提出问题、建立联系和个性化表达是项目化学习的三个重要环节。它们环环相扣、彼此融合、不可割裂，由此形成了一个完整且持续推进的学习过程。在这一过程中，我们通过提炼总结项目化学习的五项策略，旨在合理提出问题、坚持实践操作、关注同伴合作、关注思维整合、关注个性表达，支持幼儿成为真正的"主动学习者"。

第二节　儿童有自己的权利

一、缘起：儿童权利的提出

"MY课程"是我园自二期课改以来，在以教育公平为内核，关注每一个孩子的基础上，聚焦"以儿童为本"构建的园本化课程。十三年来，"MY课程"建设经历了从"关注每个幼儿"到"关注每个幼儿学习与发展需求"的宽泛到具体、意识层面到实践层面的转化过程，构建了以"满足每个幼儿学习与发展需求"为导向的"MY课程"体系。在过程中,教师的儿童观、教育观、课程观发生了一定的改变,课程从教师的"教"不断向关注幼儿的"学"进行转化。

然而,随着"MY课程"研究的不断深化,我们发现在"幼儿学习与发展需求"视域下的"MY课程"虽然已经体现了以"学"为中心,但对幼儿学习与发展的识别和满足仍然是以教师作为主语的,幼儿的需求处于"需要被教师看到""需要被教师识别""需要被教师满足"的三个被动状态。因此,如何让"MY课程"进一步彰显儿童的主体地位,体现"尊重儿童的主动选择,满足儿童的丰富需求,发展儿童的有益经验",让儿童成为课程设计实施的"主语"成为我们进一步需要思考的问题。此外,在我国目前"儿童为主体"的课程改革中,多强调通过教师的观察与解读,挖掘儿童的兴趣和需要,实现"因人施教"的个性化教育。然而儿童的兴趣和需要往往随着其自身的发展而不断处于动态变化之中,在幼儿园普遍的大班额背景下,教师很难在一日生活中覆盖每个儿童多方面发展的个性化需要,精准把握每个幼儿各方面的"最近发展区"。因此,只有从根本上转变思维,在教师倾听理解儿童的基础上重视儿童能动性,注意挖掘儿童主动学习、主动发展的潜能和价值,才是构建"儿童为主体"课程的破局之道。

为此,我园从儿童权利的视角出发,依据《儿童权利公约》(以下简称《公约》)《中国儿童发展纲要(2011—2020年)》(以下简称《纲要》)等文件精神,结合园本"MY课程"理念,构建出"MY课程"下的儿童权利金字塔,命名为"儿童权利金字塔"。"儿童权利金字塔"提出了在"MY课程"中儿童享有的各项权利的内容,划定了儿童权利的四项基本原则以保障每位儿童的权利在幼儿园中得以彰显。"我的权利金字塔"明确了儿童作为权利行使的主体,通过支持儿童学习在自由社会里过有责任感的生活,为中华民族的伟大复兴培养社会主义的建设者和接班人。

二、发展:儿童权利金字塔的形成

《纲要》中指出"儿童时期是人生发展的关键时期。为儿童提供必要的生存、发展、受保护和参与的机会和条件,最大限度地满足儿童的发展需要,发挥儿童潜能,将为儿童一生的发展奠定重要基础"。"儿童权利金字塔"以《公约》及《纲要》中提出的四项儿童基本权利为核心,并向下延伸。基于联合国《儿童权利宣言》、国务院《纲要》等文件,结合幼儿园的保教实践真实需要,创新建立幼儿园"儿童权利金字塔"(如图1-1),包含生存权、受保护权、发展权和参与权四项核心权利与生命权、健康权、医疗保健权、不受歧视忽视和虐待权、隐私权、尊严权、知晓权、受教育权、游戏权、个性发展权、话语权、决定权、评价权十三项衍生权利。

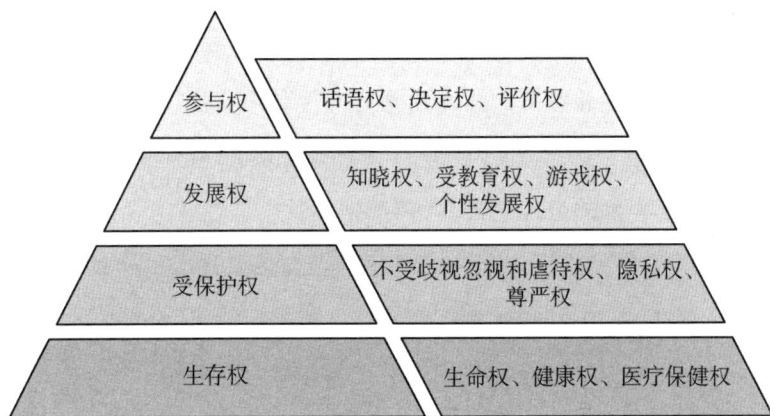

图1-1 "MY课程"下的"儿童权利"金字塔

其中,基于"儿童参与权"结合幼儿园的保教实践真实需要,形成儿童在幼儿园课程和各项事务中的"话语权""决定权""评价权",完善儿童参与权在幼儿园这一具体情境下的现实内涵,使得儿童参与在幼儿园课程实践中得以落地。

三、辨析:幼儿园中各项儿童权利的内涵

(一)生存权:包括生命权、健康权和医疗保健权

1. 生命权,指幼儿应当享有维持正常生活所必需的基本条件的权利。生命权是幼儿最基本最重要的权利,幼儿享有生命权,幼儿园所有的人、物、事均应以保障幼儿

生命权为所有活动的首要前提条件。①

2. 健康权和医疗保健权,指幼儿享有可达到的最高标准的健康,并及时获得专业医疗的权利。在幼儿园中,幼儿享有健康权和医疗保健权,幼儿园所有的人、事、物均应以不损害幼儿健康为前提,并保障幼儿在需要时能第一时间获得应有的诊疗。②

(二)受保护权:包括不受歧视忽视和虐待权、隐私权和尊严权

1. 不受歧视忽视和虐待权,指幼儿有权不受到来源于任何人的、任何形式的身心摧残、伤害、忽视或照料不周等的权利。幼儿园中每个幼儿都应当受到成人和同伴一视同仁的尊重对待,教师不应以任何理由和任何形式对幼儿进行歧视或忽视。此外,教师应时刻关注处于不利地位的幼儿,对于他人对待幼儿的不当言行应及时纠正。③

2. 隐私权,指幼儿有权对与自身相关的信息和事务进行保密的权利。幼儿园中的每个幼儿都享有在个人事务、肖像、家庭等方面信息的隐私权,教师应当在保障儿童生存权、发展权的基础上,尊重儿童的保密意愿。④

3. 尊严权,指幼儿有受到他人尊重的权利。在幼儿园中的每个幼儿,都像成人一样拥有自己的人格尊严,教师应当像维护自己的尊严那样对待儿童,维护儿童的尊严,并保护其尊严免受打击。⑤

(三)发展权:包括知晓权、受教育权、游戏权和个性发展权

1. 知晓权。知晓权指幼儿有获得与自身生活、发展有关的信息的权利。在幼儿园中,幼儿有通过多种来源获得与自身生活、发展有关的信息的权利,包括知晓课程、

---

① 来源于《公约》第 6 条"每个儿童均有固有的生命权,应最大限度地确保儿童的存活与发展。"
② 来源于《公约》第 24 条"儿童有权享有可达到的最高标准的健康,并享有医疗和康复设施⋯⋯"
③ 源于《公约》第 19 条"⋯⋯保护儿童在受父母、法定监护人或其他任何负责照管儿童的人的照料时,不致受到任何形式的身心摧残、伤害或凌辱,忽视或照顾不周⋯⋯"
④ 源于《公约》第 16 条"儿童的隐私、家庭、住宅或通讯不受任意或非法干涉⋯⋯"
⑤ 源于《公约》第 28 条"采取一切适当措施,确保学校执行纪律的方式符合儿童的人格尊严⋯⋯"

一日活动等相关信息；有权通过多种形式自主收集、检索、分享信息等。教师应充分保障幼儿的知晓权，以促进其自主发展。①

2. 受教育权。指幼儿要求社会、幼儿园、教师、家长等责任主体提供能确保其身心健康发展的学习机会及条件的权利。在幼儿园中，教师应当保证每个幼儿都享有适宜和均等的受教育机会，并保证教育活动的质量在国家要求的水平之上。②

3. 游戏权。指儿童遵循自己的天性和自主意愿进行游戏的权利。游戏权是幼儿的基本人权，是幼儿生存、学习的主要方式。在幼儿园中，教师应当保证以游戏为基本活动；保证幼儿的游戏是自发、自主、自愿且不被成人意志所操控的；对幼儿的游戏应予以时间、空间、环境、材料等的支持和保障。③

4. 个性发展权。指幼儿依据自身的个性、才智和身心能力等以适宜自身发展的方式、速率进行全面和谐而富有个性地发展的权利。每个幼儿都是不一样的，幼儿园教育应当充分尊重每个幼儿不同的背景、兴趣爱好、发展水平、发展速率等，因人施教，在合理范围内满足幼儿的特殊发展需求，保障每个幼儿在国家的培养目标下全面和谐而又富有个性地发展。④

(四) 参与权：包括话语权、决定权和评价权

儿童参与是儿童的一项基本权利。参与权，主要来源于《公约》第 12 条和第 13 条"确保有主见能力的儿童有权对影响到其本人的一切事项自由发表自己的意见，对儿童的意见应当按照其年龄和成熟程度给以适当的看待……""儿童应有自由发表言论的权利；此项权利包括通过口头、书面或印刷、艺术形式或儿童所选择的任何其他媒介，寻求、接受和传递各种信息和思想的自由……"此外，以杜威的"参与学习"为代表的儿童参与，强调亲身经历、问题解决对于儿童发展的独特价值，这与"MY 课程"理念

---

① "知晓权"脱胎于"信息权"，源于《公约》第 17 条"应确保儿童能从多种来源获得信息和资料……保护儿童不受有害材料的侵害。"
② 源于《公约》第 28 条"儿童有权获得教育……采取措施鼓励学生按时出勤……"
③ 源于《公约》第 31 条"儿童有权……从事与年龄相适宜的游戏和娱乐活动……"。
④ 来源于《公约》第 29 条"教育儿童的目的应是最充分地发展儿童的个性、才智和身心能力……"

不谋而合。

综上，我们认为，在幼儿园呼吁儿童权利，特别是对儿童参与权的倡导，旨在强调幼儿在教师监护下的能力培养，幼儿在一切幼儿园事务中均应享有发表意见与参与决策的权利。据此，我园结合学前幼儿的年龄特点、能力水平，在幼儿园教育活动中，梳理出体现本园幼儿课程参与的三项衍生权利，包括话语权、决定权和评价权。

1. 话语权，指幼儿表达自己的想法、意愿和观点的权利。幼儿在一切幼儿园事务中均应享有以多种途径发声的权利。教师应当在幼儿、班级事务中充分倾听、征询并尊重幼儿意见，按照其年龄和成熟程度予以适当的看待。比如，教师可以在主题活动开展前，以主题预告的形式征询幼儿关于活动内容、环境与材料、组织形式等方面的意见，充分吸收儿童意见。

2. 决定权，指幼儿可以自主决定，或在成人引导下共同决定与自身相关事务的权利。在幼儿园中，幼儿有权发起活动并邀请成人参与；在课程开始前或进行中，幼儿有权决定课程的内容、组织形式、环境和材料等，并就在园一日生活的各环节对影响到本人的一切事项进行决定，教师应当在保障儿童生存权、发展权的基础上，按照其年龄和成熟程度予以适当的看待。教师应创设条件支持幼儿参与环境、活动等的设计。比如，在班级事务中，幼儿可以在成人的引导下共同制定本班的班级公约。

3. 评价权，指幼儿在对事物或人物进行判断、分析后发表自身结论的权利。在幼儿园中，幼儿有权以多种形式对课程的目标、内容、组织形式、环境和材料等进行评价，也有权对幼儿园、教师、同伴、自己等多元对象进行评价。教师应当充分保障其评价的权利并适时生成课程以支持幼儿的发展。此外，教师还应引导幼儿学习以适宜的方式进行评价，发展其社会性。比如，在运动后引导幼儿对今日运动表现进行自我评价，从中发现价值点并进一步生成课程。

四、完善：指向"儿童权利"的"MY 课程"架构与实施

"MY 课程"基于对儿童权利的尊重，在实践中形成了三类课程。

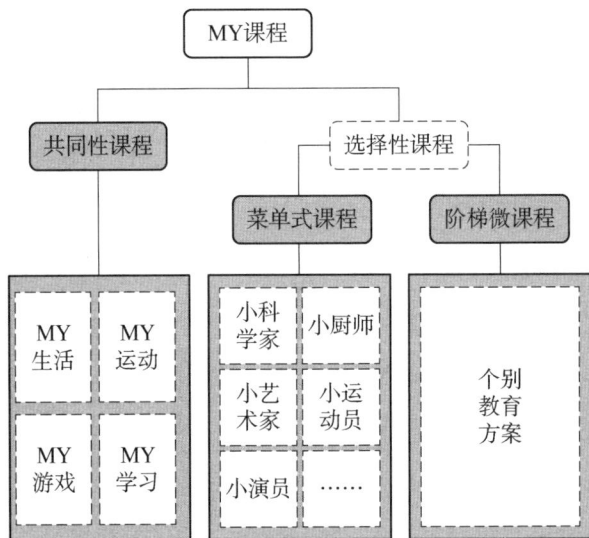

图 1 - 2　指向儿童权利的"MY 课程"框架图

指向全体幼儿的共同性课程,包含"MY 生活""MY 运动""MY 游戏""我的学习",以四类活动融合实施保障全体幼儿发展权。

指向群组幼儿的菜单式课程是基于儿童多元兴趣和需要而形成,含"小科学家""小艺术家""小运动员"等等,保障群组幼儿个性发展权。

指向个别幼儿的阶梯微课程,指依据个体幼儿的发展需要设计个别教育方案,保障个体幼儿公平发展权。

(一) 指向儿童权利的"我的课程"实施路径

指向儿童权利的"MY 课程"一改以往课程设计实施中单一的教师视角,基于儿童参与权将儿童视角纳入活动实施框架,形成"幼儿视角在先,教师视角跟随"的设计——实施路径。课程实施路径的创新带动了教师教育视角的转变,教师在活动设计实施的过程中,基于倾听、对话、征询充分尊重儿童在课程中享有的各项权利,在师幼共建的课程中实现儿童主动发展。

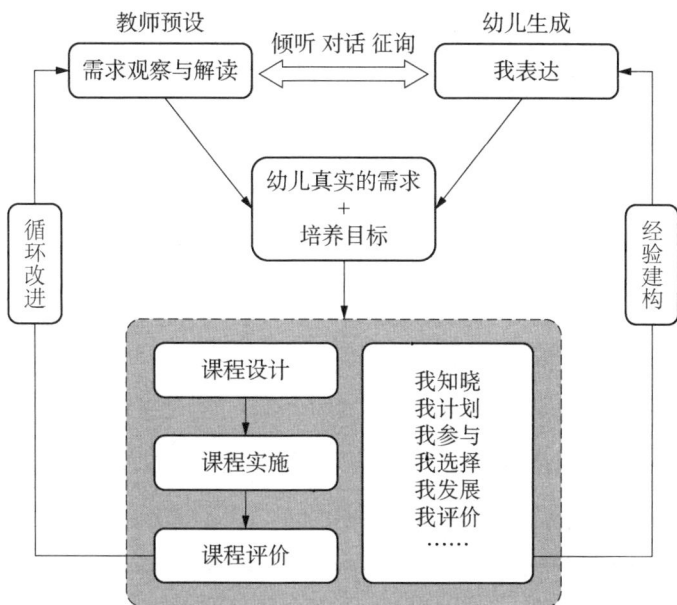

图 1-3 "MY 课程"实施路径

(二)"MY 课程"的推进实施

1. 课程选择矩阵：指向儿童学习视角的完整课程观

对儿童权利的尊重使得"MY 课程"关注儿童学习视角,四类活动、五大领域区域间的界限在儿童的完整学习经验中呈现出区域融合的态势。

图 1-4 "MY 课程"课程选择矩阵

在"MY课程"选择矩阵中,四类课程、五大领域并非割裂的,幼儿完整经历就是其连接点。在完整课程观下,教师基于幼儿完整经历的需要对不同领域间的活动进行选择、融合,将高低结构的活动充分衔接,以整合的课程成就完整的儿童。

2. "MY学习":以师幼共建理念优化主题学习

基于指向儿童权利的"MY课程"实施路径,以师幼共建的理念开展主题学习的优化实施。主题活动的起点从"教师直接引入"到"幼儿主动参与",教师在主题学习活动开展前,通过幼儿观察工具对幼儿、家长进行充分的访谈了解幼儿已有经验,以倾听、对话、征询等途径了解幼儿的兴趣和需要,在满足核心经验的前提下选择适宜本班幼儿需求和兴趣的内容、组织形式、环境材料等;主题活动的开展从"活动网络图导向"到"幼儿学习过程导向",过程中依幼儿的学习需要动态选择活动样式、因幼儿的学习特点安排活动形式,在实施中通过不同的学习活动组织形式相结合,让幼儿在学习活动各环节充分发声、主动参与。

3. "MY生活":构建"一花一叶皆课程"

以突出"儿童参与权"为内核,在"一日生活皆课程"的基础上提出"一花一叶皆课程",扩展儿童参与生活的边界,扩大幼儿园生活课程的视野。围绕儿童话语权、决定权、评价权,激励儿童充分参与到各类幼儿园事务的决定中:比如垃圾桶的选择与摆放、幼儿园各类标志的绘制与张贴、幼儿园走廊的布置与打扫、午饭菜谱的设计与制定……幼儿园里的"一花一叶"都由儿童参与、儿童决定、儿童评价,尽最大限度让儿童在幼儿园环境中能够主动经历真实生活。

4. "MY运动":基于科学解读的个性化指导

"MY运动"高度重视运动的育人价值,直指儿童发展权,通过提供幼儿喜爱的、支持幼儿主动发展的运动环境,培养"爱运动、会运动、自信勇敢"的幼儿。包括:教师鼓励幼儿自选运动场地、运动器材、鼓励幼儿自创运动玩法、鼓励幼儿进行自我评价,教师基于对幼儿运动发展的把握进行科学的观察和指导等,支持幼儿不断在自身"最近发展区"自我持续建构运动经验。

运动发展有其专业性的要求和特点,为夯实教师运动本体性知识,保障课程质量,我园研发园本运动实施指南,帮助教师理解儿童动作发展的不同水平表现与阶段,从而有根据地指导儿童的运动。科学的指导是助力儿童获得成功的必要条件,挑战成功带来的满足也是支持幼儿"爱上运动"的前提保障。

5. "MY游戏":百分百的幼儿主张

"MY游戏"鼓励幼儿自主选择游戏内容、角色、玩伴、场地、材料等,并自主决定游戏的情节和进程。通过提供贯通室内外的游戏环境、"我的游戏材料袋""我的游戏计划书"等将场地、材料、玩法等完全交给幼儿,落地幼儿游戏自主权,形成"我的游戏"实施路径。

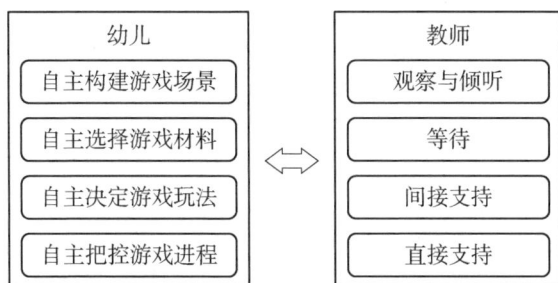

图 1-5 "我的游戏"实施路径

6. "阶梯微课程":一生一策,保障幼儿公平发展权

为在学习与发展中有特殊需求的幼儿建立个案,以"一生一策"的形式跟踪指导,并通过"五位一体",即教师、保育员、家长、保健老师、专家聚焦的研究和实践,深入了

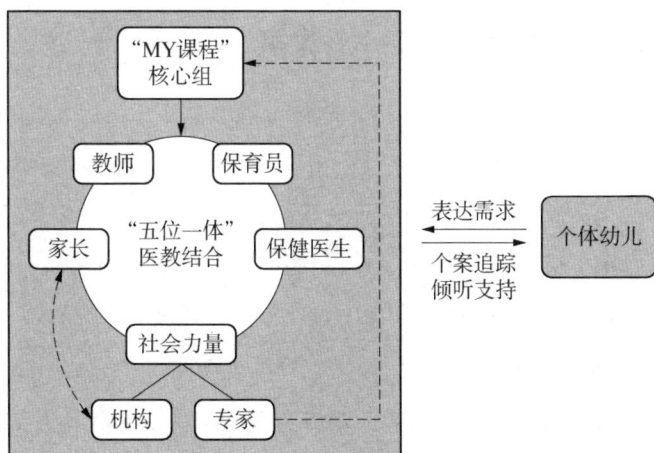

图 1-6 "MY阶梯微课程"实施路径

解其发展需求,科学制定有效的家园活动。

五、"MY 课程":让儿童权利得以彰显

对"儿童权利"的重视让我园"MY 课程"有了更加深刻的发展,真正将"儿童为主体"的课程理念落实到教师每一个实践细节中,落实到幼儿园的"一花一叶"中,为"儿童为主体"的课程提供了可参考、可借鉴的实践样态。

同时,我园在实践中的各类做法仍然在继续完善和优化,"儿童权利金字塔"在课程中的覆盖范围也将越来越大,各班教师还在此基础上形成了独具本班特色的"儿童权利地图"。我们充分感受到关注"儿童权利"为"MY 课程"带来的生机与活力,更感受到幼儿无限的生命活力与潜能。

儿童也有自己的权利。在指向儿童权利的"MY 课程"中,幼儿拿回了生活的主动权,更拿回了发展的主动权。他们在幼儿园中主动发声、主动参与,在亲身感受、体验、影响、创造中学会热爱学习、热爱生活,成为主动而有能力的学习者,绽放生命的精彩。

第三节　让大自然成为孩子的"实验室"

幼儿园的教育应着眼于幼儿未来发展,基于幼儿的立场,让学习成为幼儿有意义的探究活动。我园在历经多年的"MY 课程"建设中,提出明确的幼儿园活动定位:尊重儿童的主动选择;满足儿童的快乐体验;增进儿童的有益经验。教师对幼儿园一日活动的丰富多样性开展了积极的探索,在一定程度上改变了以往一日活动"统一要求多""幼儿等待多""硬性规则多"等现象。教育部《3—6 岁儿童学习与发展指南》中提出"关注幼儿学习与发展的整体性、尊重幼儿发展的个体差异、理解幼儿的学习方式和

特点、重视幼儿的学习品质"。我们在贯彻学习后,联系课程园本化建设的进程,从实践落实层面上反思,认为我们对幼儿学习与发展价值的理解、对幼儿的学习品质的启蒙培育,还存在着观念与行动的落差。

一、幼儿园课程建设的问题

我们在孩子户外活动时看到这样的情境:

午饭后,老师带着孩子们到草地上散步,孩子们兴趣盎然地玩耍着,有的蹲在草地上抚摸小草,有的用树枝拨弄蚯蚓,还有的边走边捡落叶,时不时给同伴欣赏。孩子们每时每刻都有着惊奇的发现。

孩子:"老师,草地上有很多绿色的虫在跳来跳去!"

教师:"这种绿色的虫子是蚱蜢。"

孩子:"老师,这里有一条软软的泥,这是什么呀?"

教师:"这个是蚯蚓的排泄物。"

孩子:"哇!这个角落里有一个好大的蜘蛛网!"

教师:"是啊,这是给蜘蛛用来捕食的。"

孩子:"蜘蛛是怎么捕食的呢?""为什么要织一张网来捕食呢?"

……

教师:"嗯……我也不太清楚。"

不一会儿,老师看了下手表,对孩子们说:"好了,时间到了,我们要回教室了。"原来午睡时间马上要到了,孩子们意犹未尽地扔下手中的树枝、落叶,依依不舍地跟着老师回教室了。

从上述情境中分析可以发现:(1)在幼儿眼中,一切的未知都是他们学习的对象,所有新鲜的现象、事物都是幼儿的学习内容。虽然我们充分感受到幼儿在户外环境中的活力和想象力,然而面对我园如此优质的户外活动资源,教师却"束手束脚"。(2)幼儿在户外环境中会发现各种自然现象,会提出很多意想不到的问题,虽然教师也关注到孩子提出的问题,但急于以结果性的答案代替幼儿的观察和思考,没有给幼儿自主学习和成长的机会。(3)对教师开发和实施活动的类型进行统计分析后发现,教师活动开发均集中于对个别化的区角材料的设计和活动室内集体教学和游戏设计,而户外活动则基本以运动为主,缺少多元化的设计。

综合以上问题,我们发现幼儿园保教工作虽然要求每天保证幼儿两小时的户外活动时间,除了一小时为户外运动外,剩余一个小时户外活动却因为种种困境无法落实。教师的理由是:

新教师:"在户外活动中,除了运动,还有什么学习内容?""户外活动太分散,怎么听老师呢?"

老教师:"户外活动时间太难控制了。""户外活动不安全,教师管不过来。"

骨干教师:"户外活动老师无法观察。"

经过分析,教师活动设计过分依赖现有参考用书规定的内容,并且将幼儿活动局限于室内,认为在室内开展活动"安全""好管理""易观察"。究其原因,主要是教师在如何看待孩子学习与发展,如何看待幼儿园丰富多样的活动等方面,存在着理解上的偏差;对如何在活动过程中支持幼儿源源不断生成的问题,如何有针对性地观察、理解和支持幼儿的活动,教师还缺乏专业的实践思考。

基于对现状和问题的分析,我们将《3—6岁儿童学习与发展指南》的精神转化为"让幼儿过好在园生活的每一天"的课程追求,以满足儿童需要和兴趣为基点,以"户外科趣活动"微课程的创意开发为载体,挖掘幼儿园户外环境的科学启蒙教育价值,将户外自然环境作为幼儿真实学习发生的"实验场",积极探索一系列适宜幼儿、基于"提出问题——建立联系——个性化表达"的主题探索活动开发与实施的策略。

二、解决策略：基于幼儿需要与兴趣的微课程开发

1. 顶层设计：让孩子主动走进"大自然"的40件事

我园对户外场地的环境资源进行充分挖掘和统整设计，开发了让孩子走近大自然的40个户外科趣活动微课程：

劳作类：（1）种一棵树；

（2）认养一棵树；

（3）种一片菜地；

（4）学习菜园除草；

（5）摘果子；

（6）合作从井里打一桶水；

（7）按顺序收菜、洗菜；

（8）为小鸟筑巢；

（9）在花园里造一间大房子；

（10）挑野菜；

（11）挖壕沟；

（12）掏鸟窝；

（13）喂小兔吃草；

（14）为一排篱笆刷漆；

（15）铺一条菜园小路；

（16）装扮校园。

玩耍类：（17）玩水枪；

（18）野餐；

（19）树林里的娃娃家；

（20）草地露营；

(21) 雨中戏水；

(22) 在壕沟中打枪；

(23) 在树林里捉迷藏；

(24) 沙地寻宝；

(25) 吹泡泡；

(26) 捡落叶；

(27) 观察昆虫；

(28) 追蝴蝶玩；

(29) 一场落叶雨；

(30) 找蜘蛛网；

(31) 在小山坡上翻滚；

(32) 滑轮；

(33) 玩"空中索道"；

(34) 在草地上匍匐前行；

(35) 爬树；

(36) 踢一场足球赛；

(37) 在树林中荡秋千；

(38) 户外写生；

(39) 树枝拼搭；

(40) 做沙雕。

2. 三维设计："free 60"＋"时空流程"，满足幼儿主动参与的需求

我们分析，教师之所以对组织户外活动有种种顾虑，也是长期以来受一日作息时间规定的约束，以时间分段来进行活动实施与管理。因为时间和空间的限制，不敢放手，导致幼儿活动不尽兴。

我们提出了"free 60"和"时空流程"，以时间为主轴，将活动的空间、展开程序作为幼儿主动参与活动的条件要素，以确保每天必有"时间充分、空间有序，安全到位"的户

外"科趣"活动开展。体现在：每天户外场地时时有幼儿的活动；每处活动空间有适宜幼儿活动展开的资源；每个活动时间段，都有幼儿的自主学习。

3. 有意义的自主记录：促进幼儿学习品质的养成

在户外科趣活动中，幼儿是主动的学习者，每一件事情都可以成为幼儿活动的资源，能让幼儿真正用自己的感官去探索未知、解决问题，并获得真实的感受，这就是幼儿的学习。在户外活动中，这种学习必然经历"无意注意——兴趣驱动——有意思考——有目的学习"的过程。我们引导幼儿采用自主记录的学习方式，满足幼儿乐学和会学的需要，促使幼儿将零散的经验不断地整合、系统化，而幼儿的自主记录也为教师提供了解幼儿学习的第一手资料。

比如，一场春雨后，幼儿园的菜园里出现了很多小蜗牛，孩子们都很感兴趣。每天孩子们都会三五成群来到菜园里看看小蜗牛，还会把观察到的关于蜗牛的各种事情自主地记录在本子上。教师敏感地觉察到这是一次引导幼儿深入探究"蜗牛"的契机，于是组织了"关于蜗牛你还知道些什么"的小组讨论活动，并将幼儿讨论形成的问题和猜测布置成问题墙："蜗牛没有脚怎么走路呀？""蜗牛有没有耳朵呢？""蜗牛的眼睛和人一样吗？""蜗牛的壳有什么用？""蜗牛睡觉吗？""蜗牛为什么要长触角呢？"幼儿围绕着蜗牛的外形特征和生活习性两大类问题自主选择同伴，尝试以观察、小实验等方式进行有目的的探索。同时我们也引导幼儿及时把自己探索中的发现大胆表现出来，比如用泡泡画的方式记录下来，汇编成一本本关于蜗牛的自制小书。

从无意义的观察到饶有兴趣的记录，再到有意义的学习，再到有目的地围绕问题进行探究，"自主记录"这一学习方式贯彻在幼儿整个学习的过程，成为幼儿活动中学习操作的重要环节，更使幼儿的"发现学习"趋向有目的、有意义的探究活动，教师对于幼儿在户外科趣活动中的学习有脉络可循，解决了教师户外活动"难开展"的困境。

以下为三位教师的感悟。

甲教师：自主记录实际上成为帮助幼儿持续开展活动的物化方式，更是幼儿在具体活动中的思维培养。比如，我在幼儿探究的过程中，鼓励他们使用气泡图，孩子们利用气泡图这一自主记录的方式，了解和发现事物的多样性的特征，建立起关于事物完整的知识经验。在记录的过程中,孩子从无意的观察到有意识、有目的、有计划的探究,将分散、零碎的知识点建构成完整的经验体系,体验了发现问题、分析问题、解决问题的思维过程。

乙教师:过去我很担心幼儿在户外活动中很分散,怕孩子闯祸,老师顾不上,那时我实际上没有真正地认识幼儿,尊重幼儿。我认为,尊重幼儿就是尊重幼儿在活动中的行为表现,支持幼儿不同的活动参与,这就需要我们分析幼儿的记录。分析记录对我来说是一种专业的享受,让我能直观了解幼儿的所思所想,通过分析幼儿的行为,预设幼儿可能出现的行为,从而为每一名幼儿活动的连续变化提供条件,使幼儿在户外活动中能始终跟随自己的目的。

丙教师:我认为幼儿要不断追随活动,他的思维要始终围绕活动线索,这需要一个支架,自主记录的作用就是一个很好的支架,我们看到幼儿的记录十分生动,有的会用符号表示,去了解事物的顺序和过程,有的会用图示记录比较两次观察的不同,有趣地表达自己的观点。

三、在取得实效过程中增强深化研究的自信

通过全体老师们的实践探索,我们取得的成效体现在以下几方面的变化:

1. 幼儿活动从室内更多拓展到户外——幼儿有了更多自主探索的空间

户外科趣活动的开发,使幼儿每天快乐地走出活动室,走进大自然,在与自然环境的交互作用中获得直觉的经验,他们感受到了第一批春天幼芽的萌发,第一批嫩草的破土,第一场春雨的滋润,第一批蔬菜的成熟……。教师循着幼儿好奇、探究的学习脉络,通过整理分析幼儿"正在发生的学习"的机会,提供连续的支持。每个幼儿在不同的户外时段都有自己的观察学习内容,在试错中解决问题,验证假设等,"满足每一个孩子的学习需求"不仅"落地",还"生根发芽"。

2. 教师从"束手"到"放手"——成为支持幼儿主动学习的研究者

户外科趣活动的研究过程,让教师走出专业困境,从"束手"到"放手",体现在:

（1）教师对幼儿学习与发展的价值理解与认识正逐步内化为基于"幼儿立场"的设计思路，不再将自己的"预设课程"和愿望强加给幼儿，而是围绕幼儿需要和自发兴趣，充分发挥幼儿主动性；（2）教师能从问题出发，研究真实情境中的幼儿学习，了解幼儿的已知、已能和态度品质，了解幼儿的兴趣、困惑和阻碍，用这些详实的信息指引自己的教育行动。我们欣喜地看到，辨别幼儿活动行为背后的发展意义，已成为教师研究幼儿的"知觉"和"思考"过程。教师不再是"百科全书"，而是真实地看到幼儿"正在学习"，成为幼儿学习与发展的支持者和创造者。

3. 教学活动设计从"园本"走向"童本"——幼儿园一日活动实质性体现了幼儿发展意义

幼儿通过活动认识周围世界，形成个性品质。"活动"对于个体发展有着重要意义。我们感到"MY课程"建设的继续深化，需要引领教师聚焦幼儿和幼儿发展的具体化和情境化，走向对于微观层面的活动的系统研究，使幼儿在多样化的活动中不断获得新的经验。幼儿园活动的重点不是教师讲解什么，而是可以使幼儿做什么，获得怎么样的经验和感受，应该为幼儿的行动创设怎样的条件和机会，这才是幼儿活动的真正意义。户外科趣活动微课程设计，立足于幼儿的需要和兴趣，突出三个要点：一是寻找和发现户外环境中有学习价值的资源；二是利用活动中的问题和条件激发幼儿的持续"发现"的动力；三是提供幼儿学习练习和自我表达的机会。

我们已开发设计的科趣微课程共涉及种植、环保、饲养等领域共100多项活动。

这一路走来，我们不断在实践中内化《3—6岁儿童学习与发展指南》的精神，不断在反思中完善"MY课程"的建设，努力从实践中梳理总结，提炼有效的户外活动教育教学的方式，为每个幼儿提供满足其需求的个性化教育。在探索适宜幼儿发展的教育过程中，我们也在思考：如何更深层次地理解幼儿独特的学习方式和特点，充分利用户外资源，为幼儿创设良好的、有意义的学习环境。我们将追随幼儿好奇探究的脚步，不断积累户外活动的经验，让大自然真正成为孩子的"实验室"。

第四节 劳动的独特育人价值

在独生子女教育、人力资源竞争的大背景下,鄙视体力劳动的思想弥漫在社会大环境中。"4—2—1"家庭结构和祖辈参与照料的家庭模式,导致成人对儿童的保育过度关注,包办、代办现状普遍,儿童生活自理能力下降,儿童自我服务和服务他人的意识薄弱。虽然学校(幼儿园)教育提供了儿童劳动的机会,但由于对劳动育人价值的认识不够全面,儿童不珍惜劳动成果、不想劳动、不会劳动、不爱劳动的现象仍旧存在,劳动的独特育人价值在一定程度上被忽视,劳动教育正被淡化、弱化。因而,加强劳动教育势在必行。

劳动教育在培养儿童独立生活能力、认识人与自然/社会的关系、形成勤俭朴实的生活态度,以适应未来世界生存需求和保护人类生存环境等方面,有着独特的价值和作用。2018 年全国教育大会上,习近平总书记强调要努力构建德智体美劳全面培养的教育体系,将"劳动教育"与德智体美并列,劳动教育又回到"五育并举"的地位;2020年 3 月,《中共中央 国务院关于全面加强新时代大中小学劳动教育的意见》提出要把劳动教育纳入人才培养全过程,强调劳动的育人功能;2020 年 7 月,教育部印发《大中小学劳动教育指导纲要(试行)》对劳动教育总体目标进行规范:树立正确的劳动观念,具有必备的劳动能力,培育积极的劳动精神,养成良好的劳动习惯和品质。

一、国内劳动教育的研究

(一) 马克思主义"人的全面发展"视域下的劳动和劳动教育

教育与生产劳动相结合,是马克思主义人的全面发展教育的基本内涵。马克思说"劳动已经不仅仅是谋生的手段,而且本身成了生活的第一需要"。劳动是"人类特有的活动，是人类区别于动物的本质特征，是人类社会赖以生存和发展的基础"。

劳动教育被理解为"以促进学生形成劳动价值观和养成良好劳动素养为目的的教育活动"，旨在促进全体学生的全面发展，以精神价值性、时代性和社会性为显著特征。劳动教育是一个外延较为广泛、边界不甚明确的概念。从基本内容来分，可以分为生产技术劳动、社会公益劳动、生活服务劳动等；从基本素养来分，可以分为劳动观点、劳动态度、劳动习惯等；从基本任务划分，可以分为劳动技能的培养、思想品德的教育等。在劳动活动中加强思想品德教育，是我国劳动教育的优良传统，比如新中国成立后的"五爱"教育。

随着时代的变迁，劳动教育也经历了内涵不断丰富、价值不断提升的过程：由最初的限制在体力劳动之中扩大到脑力劳动领域，再到后来的注重劳动情感培养的综合实践活动课程，劳动教育的内涵由单一走向综合，由单纯的技能课变成思想道德实践课，由劳动教育被排除在"四育"之外到德智体美劳"五育"融合发展，劳动教育的独特育人价值被重新认识和凸显，并融入立德树人教育体系。

然而，劳动教育在实践过程中依旧存在一些问题：有研究者认为劳动教育在实践中处在边缘化的境地，在实施过程中流于形式，与生活世界剥离，存在"四育"的简单堆砌等异化现象；有研究者认为劳动教育本真被遮蔽，导致劳动教育价值存在危机，主要体现在"外在化"的教育目的、"规训化"的教育方法、"去身体化"的教育途径、"去自然化"的教育环境等畸变现象。因此，劳动价值的回归应该强调身体"回归自然"，实现身体"在场"，达到"身体解放"，主动"贴近生活"，在劳动中"积极体验"；在实践中强化"知行合一"，从"他律"到"自律"的过程中开发主体潜能，培养儿童热爱劳动的品格。

(二) 对幼儿劳动教育的再思考

著名幼儿教育家陈鹤琴提出幼儿劳动教育的目的主要是从小培养他们爱劳动和爱劳动人民的感情，学习初步的劳动知识和技能，养成爱劳动的好习惯。《幼儿园教育指导纲要(试行)》强调幼儿园应"与家庭、社区合作，引导幼儿了解自己的亲人以及与自己生活有关的各行各业人们的劳动，培养其对劳动者的热爱和对劳动成果的尊重。"

劳动情感的培养和激发是新时代幼儿阶段劳动教育体系的核心目标。因此,在幼儿园劳动教育过程中,培养幼儿养成正确的劳动观,让幼儿"爱劳动"、以劳动为荣、通过劳动建立责任感尤为关键。

目前,幼儿劳动教育的内容主要包括简单的劳动活动和认识成人劳动。其中,简单的劳动活动包括以生活自理为目标的自我服务性劳动,为群体和公共事务效力的公益性劳动,种植、饲养活动和手工劳动等基础性劳动;认识成人劳动,是组织幼儿认识成人劳动的不同形式和成果,逐步引导幼儿爱劳动、爱劳动人民和爱劳动成果的劳动情感。在这些内容中,如何通过教育途径和方法的优化让幼儿形成劳动习惯是一个新的挑战。对儿童而言,所有周围的世界都是探索的对象。成人如何从儿童立场出发,从儿童的需求、兴趣和生活经验出发,让儿童从小做起、从小事做起、从自己做起,真正实现知行合一和自律,养成自我服务、承担社会责任的习惯,养成节约资源、勤俭朴实的生活态度,需要在教育实践中对劳动教育实施途径和方法进行再思考、重构和优化。

二、国外劳动教育的借鉴——以德国和日本为例

1964 年 5 月德国教育委员会对中小学劳动教育的定义影响至今,劳动教育旨在使学生对不同工作领域内的基础性实践活动有思想上的准备,并通过理性思考对自己是否适合从事该工作进行评估,即以实践性为特征的德国劳动教育,不仅向中小学生传授基础的科学技术知识和手工实践技能,还十分重视塑造学生的劳动观念和劳动意识,并为其提供最新的职业信息和职业评估,从而为中小学生日后参与社会和职业生活打下坚实的基础,使其可以从容应对经济和技术发展对劳动者的需求。德国中小学劳动教育针对社会生活和劳动市场的变革以社会和经济的可持续发展为指导思想,不仅整合了多个领域内的知识与技能,还将计算机知识、数字技术、职业实践、家政劳动、经济发展规律等新兴内容纳入学校课程之中,辐射个人、家庭、社会生活和工作等多个方面,使劳动课程内容不断得到扩展。

日本《教育基本法》对劳动教育作了如下规定：为了实现"完善人格"等教育目的，要实现"重视(教育与)职业和生活的关联，培养尊重劳动的态度"等教育目标。《学校教育法》对劳动教育也相应地作了规定：义务教育要实现目标之一是"培养关于职业的基础知识与技能、尊重劳动的态度和适应个性选择未来出路的能力"由此可以看出日本的劳动教育要求学生掌握劳动的知识、技能并形成爱劳动的态度。在日本，劳动教育有三个不同的实施主体，分别是学校、家庭与区域社会。学校劳动教育围绕《学习指导要领》中的课程要求向学生传授劳动知识与技能并培养学生热爱劳动的态度；家庭中的劳动教育以家务劳动为主要形式，并为学校中家政课提供进行课程实践的场所；区域社会为学生进行劳动体验提供设施和服务等。在学校教育中，劳动教育并非独立的课程，而是分散于家政课、道德课、社会课以及综合学习时间中。

由此可见，德国和日本都重视学生的劳动态度的培养，并将劳动教育作为重要的未来职业意识的培养途径。但是，和德国通过专门的劳动课程实施劳动教育不同，日本是通过各种教育教学活动实施劳动教育。

第五节　让幼小无缝衔接

幼儿园幼小衔接活动是帮助幼儿实现从幼儿园到小学两个不同阶段教育的平稳过渡，让幼儿能健康快乐地适应小学阶段的学习生活，保持身心的和谐发展。为了科学有效地开展衔接活动，上海市教委教研室出台了《上海市幼儿园幼小衔接活动的指导意见》，明确提出了幼小衔接活动的三条目标：(1)有进入小学的愿望和兴趣，向往小学的生活，具有积极的情感体验；(2)初步了解小学的学习活动特点和课堂教学规范，对各类学习活动形成好奇心和求知欲；(3)初步养成良好的学习习惯(倾听习惯、阅读习惯等)、生活能力(自我服务能力、自我保护能力等)，以及建立初步的规则意识、任务意识。同时，也确定了"入学预备期"的课程内容："入学预备期"(5月—6月)幼小衔接活动,重点围绕着"入学愿望""学习兴趣""学习与生活习惯"三个活动目标来进行内容的设计与组织。

表1-1　入学预备期幼小衔接活动

主题活动名称	活动要求	内容举例
我的小书包	1. 熟悉、了解如何爱护和正确地使用学习用品。 2. 逐步学习并习惯独立整理和保管好自己的用品。	集体教学: ● 我和书包做朋友 ● 各种小文具 ● 找不到的眼镜 区域活动: ● 理理小书包 ● 削铅笔 ● 修补图书 其他活动: ● 天天习惯背书包上幼儿园 ● 参观学习用品商店 ● 与父母一起买新书包 ● "谁的书包最整洁"小评比活动
参观小学	……	……
小课堂	……	……
毕业	……	……

围绕目标和课程内容,我园开展了一系列的幼小衔接的实践研究。根据幼儿的身心发展特点,我们从幼儿的需求出发,抓住了他们在适应过程中的关键问题,在分析研究的基础上调整策略,努力追求无缝衔接。

一、幼儿对作息变化的不适应

变化一:午睡时间的取消

幼儿不适应的表现有:(1)下午的活动无精神;(2)回家作业时打瞌睡。

我园衔接策略有：(1)5月起,园方逐渐缩短幼儿的午睡时间;(2)利用午睡缩短的这段时间,开展幼小衔接的集体活动。活动一,组织幼儿开展"倾听一刻"活动,教师选择一些幼儿喜欢的名著故事如《西游记》,每周2—3次倾听故事。活动目的是拓展幼儿的知识面,更重要的是培养幼儿良好的倾听能力。活动二,组织幼儿开展"竞选队长"活动。每周开展一次"竞选队长"活动;目的是鼓励幼儿敢于在集体面前大胆推出自己,增强幼儿自信心,提高幼儿自我评价和互相评价的能力,同时发展幼儿的语言表达能力。活动三,组织幼儿开展棋类、拼图等安静的益智活动,培养幼儿独立思考的习惯和能力。

实施效果显著,(1)丰富的午间活动让幼儿逐步适应作息变化;(2)多元的午间活动让幼儿各种能力得到发展。

变化二：上学时间的提早

幼儿不适应的表现有：(1)早晨起不来;(2)早餐质量差;(3)情绪不积极。

我园衔接策略有：(1)做好家园沟通：让家长知道幼小衔接该如何准备。通过家长会等形式指导家长调整幼儿的在家作息时间,帮助孩子养成早睡早起的习惯,每天保证充足睡眠;(2)开展守时活动：老师们开展守时班评选和开展来园时钟记录表等的活动,让孩子逐渐形成守时观念,为入学做好准备。

实施效果较好：大多数的孩子能较好地遵守来园时间,8：10大班幼儿开始运动,90%左右的幼儿能按时参与;孩子迟到或有事能向老师请假,时间观念明显增强。

变化三：课间时间的缩短

幼儿不适应的表现有：(1)课前准备来不及完成,课上要小便;(2)玩不够,注意力不能及时集中。

我园衔接策略有：(1)参观了解小学生活。在实地参观中,让幼儿自己看看,问问小学生们是怎样安排课间十分钟的;(2)增设课间10分钟。每天在两个活动间安排一次"课间十分钟",进行模拟练习。在模拟练习中让幼儿自主安排生活活动和第二个活动前的各项准备工作。

实施效果显著,课间10分钟的设置,让幼儿的时间敏感度增强了,也进一步提高了自我管理的能力。

变化四：课时量的增加

幼儿不适应的表现：幼儿感觉累,学习过程中注意力易分散。

我园衔接策略有：(1)调整单次学习活动时间。从5月开始,每次的学习活动时间为35分钟。(2)调整每天的学习活动次数。5月每天安排两个学习活动,6月每天安排三个学习活动。

实施效果显著：幼儿注意力时间、坚持性明显增强;针对幼儿对作息时间变化的不适应,我们坚持循序渐进的原则进行逐步调整,帮助幼儿缩短适应期,实现自然过渡。

二、幼儿对自我管理要求的不适应

幼儿不适应的表现有：(1)遗漏作业,遗失物品;(2)做事依赖性较强。

分析原因可能有：(1)根据幼儿年龄特点和幼儿园保教工作要求,幼儿在园生活的各个环节都有保教人员的提醒和指导;(2)家长缺少幼小衔接的指导意识和能力。

衔接策略以设置任务卡为主：(1)每日任务卡：幼儿来园后根据指定任务和自选任务,自主安排并完成当天的小任务。教师将利用"小班会"等活动引导幼儿对自己的任务完成情况进行交流评价。(2)每周任务卡：教师定期设置阶段性任务,幼儿可根据自己的需要自主安排,在规定时间内完成任务。(3)家庭任务卡：教师不定期布置回家小任务,借助家长会明确配合要求,家园合力帮助幼儿从依赖于督促到有意识地完成任务。

实施效果显著：(1)任务的记录方式图文并茂,有助于幼儿的记忆发展。(2)指定和自主安排任务相结合的方式,逐步提升了幼儿的任务意识自我管理能力。经实践,明显增强了幼儿的任务观念,从教师提醒逐渐转向自我管理,为幼儿尽快适应小学生活跨前了一大步。

除了以上两个关键问题,我们还关注到幼儿在适应过程中的诸多细节问题和需求,逐步地落实跟进策略,比如(1)幼儿前阅读和前书写能力的培养。以"早期阅读"为抓手,培养幼儿良好的阅读习惯,提高幼儿阅读能力的培养。(2)幼儿生活能力和生活习惯的衔接等。

要切实推进幼小衔接工作,必须加强幼儿园和小学的双向配合与协作。我们幼儿园和各小学作为长期的衔接工作合作伙伴,只要双方互相往来,互相了解,共建互惠,必然能为有序有效做好幼小衔接工作创设更好的环境条件。

第二章

我的育人思：促进个性生长的课程

　　幼儿的学习与发展具有共同性、多元性和独特性的特点。我们从需求的特点出发架构"MY 课程"，形成共同性课程、菜单式课程和阶梯微课程三大课程体系，确保满足幼儿全面和谐发展的基本需求，兼顾幼儿发展需求的多样性及个体发展需求反应的多样性，满足不同幼儿特有的、差异化的发展需求。

第一节 "MY 课程"的构建与实施

公平教育的核心是在教育过程中尊重幼儿的独特性,因人而异地为每一个幼儿提供适宜的教育服务,让他们享有均等但不失个性的发展机会。

一、确立"MY 课程"的基石——满足幼儿学习与发展需求

(一) 反思中寻突破

反思幼儿园课程,与实现教育公平理念还有一定的差距,具体表现在:一是课程的选择性不够,无法满足每个幼儿多元的学习与发展需求;二是课程安排的弹性和开放性不够,幼儿缺少自主支配的时间和空间,学习与发展中的需求无法体现;三是课程内容的针对性不够,无法满足个别幼儿的特殊发展需求;四是课程实施的需求导向性不够,教师对幼儿学习与发展需求的观察分析与判断把握的能力不高。

通过对上述问题分析,幼儿园明确了课程构建与实施的基石,以幼儿学习与发展需求为切入点,探索满足每个幼儿发展需求下开发幼儿潜能的课程,让课程成为幼儿自主成长中真正需要的课程,即"MY 课程"。

(二) 辨析中明内涵

幼儿学习与发展需求的类型。从内容上看,一类是幼儿作为一个生命体自然生长发展的诉求,是内在需求;另一类是国家、地区为幼儿良好的终身发展而制定的教育需求,属于外部需求。从表现形式上看,一类是活动中幼儿即时表现出的需求,另一类是

活动后幼儿延时表现的后继需求。

幼儿的学习与发展需求具有共同性、多元性和独特性的特点。共同性是指处于生命体发展时期幼儿生理、心理发展需求的一般性、典型性和本质性。多元性是指幼儿生长中的发展需求是内容丰富、种类多样的,即使有相同需求时,其外在的行为表现也是多样的。独特性是指每一个幼儿在发展速度、发展优势领域和发展的最终水平上,都会表现出自身的特点,表现出较大的个体差异性。

二、规划"MY 课程"的设计——基本要素凸显幼儿需求导向

(一) 确立"MY 课程"理念目标,明确识别与满足幼儿需求价值取向

幼儿园提出让每个幼儿"唱响自己,个性生长"的课程理念,即"MY 课程"旨在倾听、识别并满足每个幼儿学习与发展的需求,赋予幼儿自主选择和主动成长的权利,注重让幼儿得到全面和谐发展。同时,还注重对幼儿个体潜能的挖掘和个性特点的彰显,使幼儿焕发生命活力,实现幼儿个性发展,成为"有主张、喜探究、乐做事、愿交往"的活泼、健康、和谐、全面发展的儿童。

(二) 构建"MY 课程"框架结构,形成满足幼儿发展需求的课程体系

针对现有课程存在的问题,"MY 课程"结构设计以需求为导向,将幼儿学习与发展的内在需求和外在需求、即时需求与后继需求统整,并从需求的三大特点出发,架构"MY 课程"框架。

特点之一:共同性。"MY 课程"体现科学均衡,确保满足全体幼儿全面和谐发展的基本需求。特点之二:多元性。"MY 课程"有充分的可选择性,能够兼顾幼儿发展需求的多样性及个体发展需求反应的多样性。特点之三:独特性。要求"MY 课程"满足不同个体幼儿特有的、差异化的发展需求。据此"MY 课程"体系从横向上分为共同性课程、菜单式课程和阶梯微课程三大类,分别指向需求的共同性、多元性、独特性特点,每类课程从纵向上都考虑到幼儿的内在、外在需求和即时、后继需求。

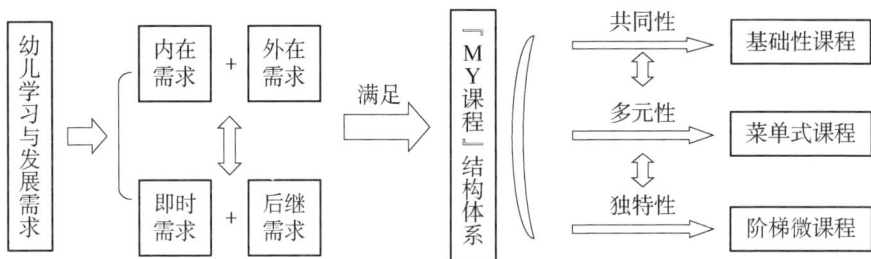

图 2-1 幼儿学习与发展需求导向的"MY 课程"结构图

(三) 编制"MY 课程"基本内容,丰富幼儿多样化经历与体验

共同性课程是满足全体幼儿学习与发展的共同需要,为其身心全面和谐发展及终身发展提供基本经验而设置的课程。课程内容以上海市"二期课改"新教材为主,同时教师观察分析幼儿需求,创造性地重构、组合和丰富游戏、学习、生活和运动四大板块的活动内容,进而形成指向幼儿需求满足的共同性课程内容。

菜单式课程是满足幼儿的多样兴趣、多元需求和彰显幼儿个性特长,给予幼儿多样化学习经历的课程。菜单式课程内容以共同生活、探索世界及表达表现为三大维度,设置了"小小探索家"等共十几种可选择的活动,每学期根据幼儿的需求变化适当调整课程内容。

阶梯微课程是为满足个体幼儿持续发展的独特需求而设置的课程,通过具有针对性可操作性的量身定制的个别化小型课程,帮助每位幼儿获得发展。

(四) 明确"MY 课程"实施要求,提供幼儿主动选择的机会

幼儿园提出以"尊重儿童的主动选择,满足儿童的丰富需求,发展儿童的有益经验"为总体实施原则,具体实施要求如下。

1. 开放实施课程

在活动安排中设置了"Free 60",让幼儿自主选择活动,以富有弹性、开放的方式实施课程。在此过程中,教师通过倾听和观察分析,把握幼儿学习与发展中的各类需求。

2. 自主实施课程

教师具有课程实施的自主权,根据班级当下探究学习需求自行安排和调整作息时间,为幼儿持续、专心地学习提供支持;根据幼儿当前发展需求自行安排并调整课程内容,考虑各类活动的时间配比。

3. 动态实施课程

教师依据幼儿需求的内容,灵活调整预设的课程内容,选择适宜的课程实施途径,根据幼儿的学习方式需求灵活改变活动的组织形式。

4. 科学实施课程

教师根据幼儿园梳理的各领域的基本经验,观察、分析和解读幼儿的学习需求,并围绕幼儿基本经验来编排内容和设置活动,提高科学实施课程的专业能力。

5. 针对性实施课程

在课程实施中,教师真实客观地把握班级每个幼儿,包括幼儿的气质、性格、学习方式、优势智能等,变以往基于经验的主观了解幼儿需求为基于数据的客观研究。

我们幼儿园三类课程具有各自侧重的具体实施要求:

第一,共同性课程的实施要求。家园合作,实施"MY生活"。创新"MY生活"活动组织形式,改变以往教师组织生活活动多指令的现状,给幼儿更多按照自己意愿主动选择的机会,并通过家园合作了解幼儿在生活自理、交往礼仪等方面的不同需求,确定差异化的家园合作培养幼儿生活习惯与能力的方案。

观察解读,实施"MY游戏"。教师首先将游戏的自主权还给幼儿,鼓励幼儿自主选择游戏内容、玩伴、场地,自主决定游戏进程。教师重在观察幼儿游戏,解读幼儿游戏行为,判断并把握幼儿游戏需要及各类发展需求,在适当的时机通过给予幼儿工具、材料或是提供建议和意见,支持幼儿的游戏。

项目研究,实施"MY学习"。关注幼儿因学习方式和发展水平的个体差异而形成的不同需求,提供采取多元活动形式及进阶式指导,为每个幼儿的主动探索、积极体验和个性化表达创造条件。为此,幼儿园研发了由多种活动形式构成的项目化学习,在真实任务推动下,通过对话讨论、动手操作、实地参观、创意表达等活动推进幼儿的深度学习。

科学分析,实施"MY运动"。关注每个幼儿运动能力的发展,通过科学的观察和评价,了解每个幼儿的运动经验和身体发展水平,教师根据幼儿动作和体能特点科学制定个性化活动方案,有针对性地实施个体、小组和集体的运动活动。

第二,菜单式课程的实施要求。鼓励中大班幼儿根据自己的兴趣和需求,自主选择活动。在菜单式课程的实施中,教师和幼儿共同商议决定活动规则,允许幼儿根据活动需要改变规则,体现活动规则制定的自主性;设置多样化的活动组织方式,允许幼儿以自己独有的学习方式获得和建构经验;强调活动评价中幼儿的参与性,充分满足幼儿自主评价的意愿。

第三,阶梯微课程的实施要求。教师通过幼儿行为观察表、轶事记录表等工具,真实记录、分析解读班级幼儿的发展情况,明确每个幼儿在发展过程中的特殊需求,并量身定制个别化小型课程,开发针对幼儿个体独特需要、有价值、富有发展意义的保教活动。

"MY课程"的构建和实施,开创了一种从儿童本位开发与建设课程的视角,实现了从教师"教"到幼儿"学"的一种人文主义的改变。该成果确立了一种以幼儿学习与发展需求为导向进行课程设计与实施的价值取向和理念,形成了以幼儿需求识别及满足为线索的,具有时代性、科学性、操作性的课程方案,并在课程实施中贯彻落实课程方案,最终促进幼儿的学习与发展的功能。

第二节 "小MY"的一天

作为一名幼儿园管理者,这几年我一直在思考:教育到底该培养怎样的人才?怎样的课程能够促进幼儿全面并富有个性的成长?如何实现从"教人"到"育人"的转变?追随教育改革的步伐,在教育公平,特别是教育过程公平思想的引领下,深入开展了基于儿童立场的,特别是儿童学习与发展需求的课程构建与实施的研究,架构了"MY课程"体系,并努力落实在教师的日常实践中,努力培养"有主张、喜探究、乐做事、愿交往"的健康活泼、全面和谐而不失个性化发展的儿童。

下面,我想从一个孩子的视角,从幼儿一天在园的活动片段描述我园教师如何为每一个孩子构筑属于他自己的成长跑道。

"小 MY"的一天

他就是小 MY,是我们新城实验幼儿园里众多小 MY 中的一个,来自中三班。让我们和小 MY 一起进入幼儿园的一天,体验 MY 课程提供给幼儿的活动和快乐!

片段 1:

早早地我就来到幼儿园,我们教室有一面"我想说"的墙,我可以把我想说的很多事情写在上面。有的时候"我想说"开心的事情,有的时候"我想说"不开心的事情。今天,我"说"了一件不太开心的事情:我很喜欢玩滑板,但是昨天玩滑板的时候我总是滑不好,一会儿碰到路障,一会儿滑歪了。这件事让我有点不开心。

秦老师通过"我想说"的墙发现了我的"不开心",就和我聊天,让我把遇到的问题告诉她。秦老师真好,总是喜欢听我们说话。

在秦老师的鼓励下,我在"晨谈"时间把滑板的难题与伙伴们分享,大家给我想了很多方法:可以把双手伸直、双脚也要伸直、眼睛要看前面。哈哈,原来有这么多好办

图 2-2 "我想说"环境创设

法,待会儿运动的时候我一定要试一试! 秦老师对我说:"方法总比困难多,相信你会玩得越来越棒!"

教师的思考 儿童的世界并没有我们成人想象的那样无忧无虑,孩子们每天总会遇到这样、那样的不如意;又或者孩子有很多话想和同伴、老师分享,所以我们的老师在每个班级创设了"我想说"的儿童表达墙,像"树洞"一样把孩子们开心、不开心的事情都收纳其中。孩子们的内在需求在老师面前"一览无遗"。

园长的点评 孩子们在诉说的过程中逐步感知各类情绪情感和学会识别自己的情绪情感,这是幼儿社会性发展中的重要内容。对于孩子们发展中的各类需求,我们的老师会在一日活动中持续关注并及时给予回应。今天秦老师在来园晨会时间进行了有效的回应,这是尊重儿童学习和发展需求的具体体现,也是 MY 课程的重要内核。

片段 2:

和老师、朋友聊了后,我对滑板活动充满了期待。于是我在"运动日记"中记下了今天的"滑板计划"。

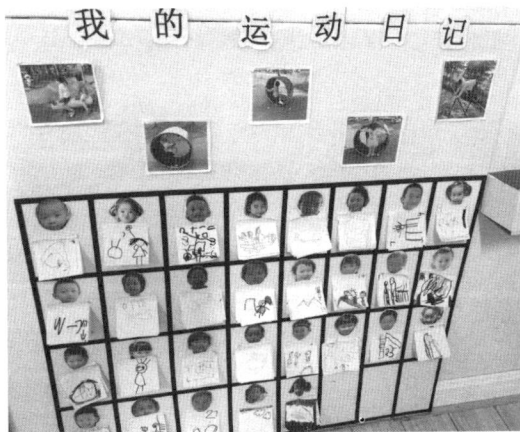

图 2-3 我的运动日记

运动开始了,秦老师专门开辟了一条安全的滑板通道。嘉嘉和我一起自己选材料、布置运动场地,我尝试着用伙伴们介绍的方法,嘿嘿,果然有用哦! 但我方法用得不熟练,有点控制不住自己的身体,这时候秦老师说:"小MY,把身体收紧!"身体一收紧,真的滑到了终点,这感觉真是太棒了!运动结束,我的运动日记上又多了一个开心的故事,每天都有不一样的精彩,我真的觉得自己很棒!

教师的思考 每一个孩子合理的想法都值得被尊重和满足。这一周我们班级本来不在滑板区运动,但为了满足小MY的运动需求,老师为孩子们创设了安全通道,让小MY实现自己的运动计划成为可能。

园长的点评 满足孩子的需求、帮助孩子成功、促进孩子发展是MY课程实施的关键!日常运动中,我们设计了观测表,老师利用观测表,对每一位幼儿的动作发展和体能水平进行观察记录并分析。根据小MY的动作和体能评估数据,秦老师了解小MY在滑板中可能会遇到的问题。所以运动开始,她就在不远处关注着小MY。不出所料,四肢协调性弱的他控制不住自己的身体。秦教师及时提醒他"收紧身体",一个关键的提醒让他成功了!这样的案例还有很多。此时的老师由衷地感谢幼儿园运动课程研发部带领教师研发的运动课程实施操作指引,我们深深感受到,科学、专业的知识能让老师成为有能力帮助孩子成功、促进孩子在原有基础上不断成长发展的教育者!

片段3:

昨天我们发现班级里的小蚱蜢好像有点不太对劲,它不动了。我们一起猜想小蚱蜢为什么不动:肚子饿了?年纪大了?太孤单了?心情不好?想妈妈了?我觉得大家说的似乎都有点道理。老师请我们根据猜想,想想有什么解决的办法,我们想了很多的办法。今天老师还请来了一位养虫虫的小博士,从小博士那里我知道了小蚱蜢爱吃的食物,喜欢的家是怎样的,还有小蚱蜢在我们班级里只能待七天左右等。老师鼓励说有了我们的爱和小博士的办法,小蚱蜢一定会被照顾得很好,启发我们等一会儿区角活动的时候就去照顾小蚱蜢,给它造个更舒服的家。

图 2-4　观察小蚱蜢

教师的思考　最近我们班级在开展《在秋天里》的主题活动。在主题推进过程中，孩子们发现了草地上的蚱蜢，于是对蚱蜢产生了浓厚的探究兴趣。为此，师生开始了一场在真实问题情景中的小蚱蜢的项目化学习活动。

在"全人培育"的教育观下，秦老师从孩子身边感兴趣的事物、生活中的现实探究需求入手选择活动内容，让孩子们在照顾小动物的过程中体验关爱小动物的情感，唤起他们对大自然的热爱。

园长的点评　在学习过程中观察和识别幼儿的学习需求是 MY 课程实施的依据。孩子们在每天的幼儿园生活中会迸发精彩各异的想法，但不是所有的迸发都可以成为课程资源进入课程。教师的价值判断显得尤为重要，既要抓住探究需求的满足，又要在满足探究需求中给予幼儿基本经验，促进其发展。从孩子照顾小蚱蜢的过程中我们发现，孩子们热爱小蚱蜢，并用他们自己喜欢的方式照顾小蚱蜢，但仅仅有"热爱"是不足够的，正确的方法更重要。当小蚱蜢快"不行"的时候正是孩子们求知欲最旺盛的时候，这个时候对孩子们进行方法上的引导将获得事半功倍的教育成效。

片段 4：

区角活动时，我和希希按照小博士和给小蚱蜢安家的好办法制定起了计划，开始

图 2-5　小蚱蜢的研究记录

为小蚱蜢造家。小蚱蜢喜欢通风透气、大大的、湿漉漉、有小草的家。我们从材料柜里找来了一个大大的盒子,我想小蚱蜢在这个大盒子里能跳得更高、更远。可是,我们发现盒子没有盖子,我和希希开始想办法,我们拿来了手工纸盖在上面,发现太小了;我们又找来了大一些的塑料薄膜,用手指在上面戳了一些洞,手指戳出来的洞洞大小刚刚好透气。接着,我们想要给小蚱蜢的家里放上一些泥土,但是发现教室里没有,我们就向秦老师寻求帮助。秦老师和我们一起带着铲子和小蚱蜢的"新家"来到小菜园。我们挖了一些泥土、小草放进小蚱蜢的"新家"里,把他们带回教室。我到自然角找来了喷水壶给小草喷了点水,请小蚱蜢搬进了新家里。

教师的思考　《3—6 岁儿童学习与发展指南》中写道"判断幼儿是否进行有意义的学习,一是看幼儿能否把新学的内容与已有经验建立联系,形成知识系统网络;二是学习以后能否用来解决问题。"为此,孩子们需要一个完整的学习过程。老师会根据孩子学习与发展的需要,把集体教学活动和个别化学习进行联通,在高低结构活动的相互转换中为孩子们构筑一条学习的"跑道",打破时空的限制,通过预设和生成的动态调整持续推进孩子的深度学习,让孩子们的学习连成一个完整的、不被割裂的过程。

当孩子学习的内在驱动力被激发后,我们会发现孩子们自然而然就会利用一切可利用的时空进行研究和学习。

园长的点评 "一日活动皆课程"的理念已经深入人心,但实实在在的落地却需要教师时时刻刻观察孩子的行为,思考课程的实施,这在 MY 课程的实施中尤为重要。不同形式、不同内容的教育形式在幼儿的学习和发展中均发挥不同的作用。学前儿童发展的一个显著特点是经验建构的持续性,不同的活动形式就是通过反复为孩子创设建构经验的过程。

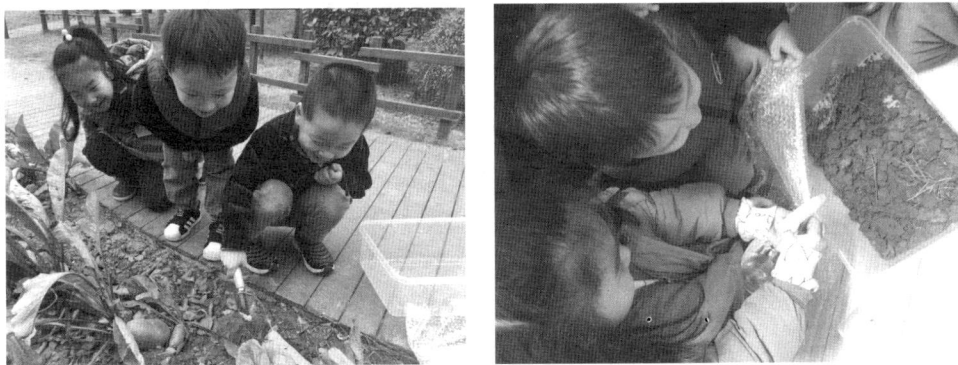

图 2-6 小蚱蜢的新家

片段5:

吃饭时间到了,来到餐厅,我太高兴了。原来刚才在给蚱蜢新家喷水的时候,贝贝来采访我,问我喜欢什么样的餐厅,我说了自己喜欢的餐厅样子。现在走进餐厅一看,我的想法居然全部实现了:喜欢海洋餐厅,蓝色的桌布、梦幻的音乐,还有和好朋友希希坐在一个餐桌上! 贝贝他们太厉害了,在这里吃饭实在太舒服了!

教师的思考 过去班级的餐厅一直是老师布置的,而且一旦布置了就固定不变。晨谈中孩子们表达了改变餐厅的愿望,师生开启了"餐厅改造"的项目化学习活动。通过同伴间的采访,了解进餐"顾客"的真实需求,从而改造餐厅,用餐者和环境改造者都能参与到活动中,满足了小 MY 孩子对餐厅多种的需求。幼儿根据自己的想法创设餐厅环境,自主选择餐布和进餐音乐,自己安排座位,真正意义上做到了"我的生活我做主,我的餐厅我布置"。这种类型的"满足需求"学习活动,充分展现了孩子的已有经验,更主要的是提供了孩子表达和实现儿童视角的生活活动环境创设想法的机会和平台,教师从材料、环境布置等方面给予孩子充分的支持,帮助满足需求,在此过程中,让孩子们尽情地放飞想象、实现梦想!

园长的点评 MY课程的主旨是让儿童成为一个"有能力"的人。儿童教育一直处在"被教育""被服务"的地位,真正享有的"自主权利"其实并不太多。赋予儿童自主权,意味着为孩子创设真实情境习得"选择"的能力。学会选择是未来人才的基本素养之一,对儿童终身可持续发展具有深远的意义。

图 2-7 我的餐厅我布置

片段 6:

午睡时间到了,我听到小艾对老师说她还不困,秦老师让她坐在旁边看看书,等会儿再睡。我和小艾不一样,我喜欢暖暖的被窝和好听的睡前故事,午安小艾!

教师的思考 每个幼儿都会因自己的生活习惯,在一日作息上有所差异。教师在组织一日活动时会根据幼儿的不同需求开展活动。小艾在作息时间上存在差异,便实施点到段的差异入睡,满足不同幼儿的生理需求。

园长的点评　每个孩子的发展具有个性化特点。因此,统一的教育方法和形式不能适合每个孩子发展的个性需求。当面对孩子们异于常态而又必须满足的需求时,MY课程中的个性化教育方案便显得尤为重要。值得注意的是,儿童的特殊需求具有阶段性,这个阶段或长或短,只要方法适宜,对症下药,孩子们的情况会及时发生改变。有鉴于此,每一位教师都应以发展的眼光看待每一个孩子,不给任何孩子"贴标签"。

片段7:

　　下午的游戏开始了,前两天我做了一只老虎和霸王龙,但一直是我自己一个人玩,觉得没意思,所以就到娃娃家吃东西,发现"妈妈"的魔法棒很漂亮,也很好玩,我就拿走了。"妈妈"很生气,告诉了秦老师。秦老师没有批评我,问我"为什么到娃娃家吃东西后,要拿走妈妈的魔法棒?"我跟秦老师说"我觉得老虎和霸王龙都很厉害,但我自己玩没意思,所以就到娃娃家,想和朋友们一起玩,找找好玩的东西。"秦老师听完我的话,午睡的时候她给我讲了霸王龙的《我爱你》。听完故事,我才知道原来霸王龙最厉害的本领是用它自己的本领帮助其他的小恐龙,慢慢地他也开始有朋友。所以,今天我在玩霸王龙的游戏时,决定做一只"厉害"的霸王龙,不再去打扰娃娃家的朋友,而是自己造了一个霸王龙的家,我邀请娃娃家的妈妈和宝宝到我家玩,还向"妈妈"道歉了。果然,朋友们都来和我一起玩儿了。

教师的思考　小 MY 是我们班级年龄偏小的孩子,家里也是老二,哥哥已经十八岁了。平时在和妈妈的交流中得知,大哥哥在家里不愿意和小弟弟玩。班级的朋友们也觉得小 MY 很小,主动和他游戏的朋友不多。在小班的时候,小 MY 很享受自己一个人的独自游戏。我们一直在等待小 MY 的"觉知"。上了中班,小 MY 开始有寻找玩伴的内在需求。另一方面,家人和老师认为小 MY 年龄小,潜意识里总是给他多一点的照顾,但这种照顾也包含了一定程度上的"不放心、不放手",这让小 MY 缺乏社会交往的机会和方法。所以,前几天看了老虎和霸王龙的书后,小MY也想成为"厉害"的霸王龙,让伙伴们关注他并和他一起玩,于是发生了娃娃家的"冲突"事件。中班的孩子在游戏中发生冲突是很正常的事情。但作为老师,不能充当"法官",简单地评判对错,让幼儿只是通过言语的"道歉"解决争端。基于儿童学习与发展需求的MY课程让我们懂得,教师需要深入了解冲突背后孩子们的真实想法,发现他们内心的诉求,然后再进行正面引导。只有当老师真正"走进"孩子的内心,我们的教育才能真正"走近"孩子!

园长的点评 游戏是儿童肆意撒欢的场所,也是内在需求最真实的显现。小MY在游戏中展现了真实的自我,同时向同伴和老师展示与同伴游戏的渴望,只是还没有掌握与同伴交往的技能和方法。因此,教师对小MY的引导既可以发生在游戏的进程中,也可以在课程上着力,通过绘本阅读拓展孩子的视野和经验,然后带着这些经验在游戏中实践和应用,从而形成解决真实问题的能力。这也是MY游戏的主旨所在。

片段8:

快到离园时间了,老师和我们聊起了今天快乐的一天。

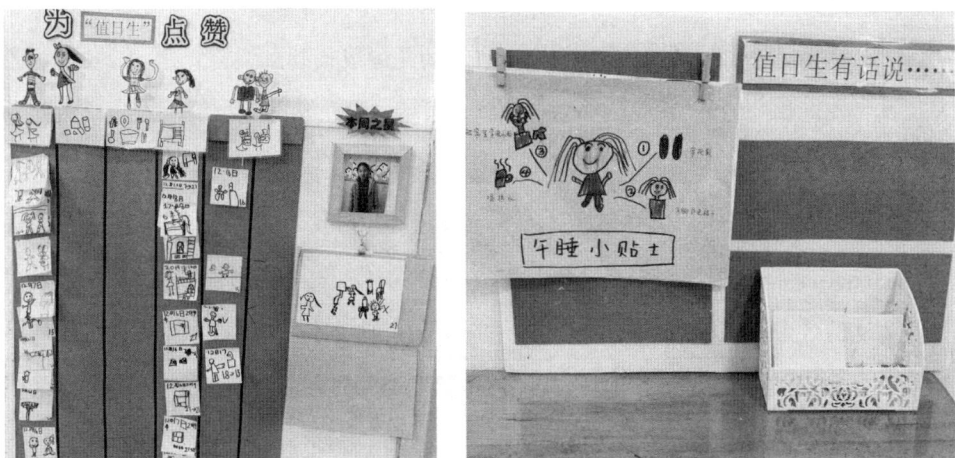

图2-8 我的环境墙

教师的思考 一日活动皆课程，每一个环节都是幼儿发展的时机，离园环节老师为幼儿提供了宽松的环境，让儿童进行一天活动的回顾。老师还会在离园环节组织幼儿讨论我的计划书、需求墙、儿童的游戏、运动日记等，小 MY 发现了他人为自己服务，认为这是值得点赞的行为，同时也内化为自己行为的准则，为幼儿自我建构行为提供良好的班级氛围。

幼儿园的一天好快呀，回家路上我和爸爸一起分享了幼儿园里发生的事情，明天我想……

总之，"MY 课程"创立了基于儿童立场的、以儿童为本位的人本主义课程体系，以每个孩子的学习与发展需求为切入点建设课程。这是一项庞大的工程，是我们每一个教育者孜孜以求的教育梦想。我们将更加努力、科学地识别每个幼儿的学习与发展需求，成就每一个孩子的精彩绽放！

第三节　在共同生活中个性化成长

生活活动是上海幼儿园四类活动之一，对幼儿的成长起了关键作用，3—6 岁幼儿小肌肉精细动作的发展、自我认知的形成以及自信、乐观、热爱生活等性格品质大部分在生活活动中养成。

我园近五年来一直开展 MY 课程的构建和实施。"我的生活"课程是其中重要板块，主要指向生活自理、交往礼仪、自我保护、环境卫生、生活规则等方面的活动，旨在一日活动的各个环节中给予每个幼儿自主选择和主动动手的机会，让其在真实的生活情境中自主、自觉的发展各种生活自理能力，形成健康的生活习惯和交往行为，在共同的生活中能够愉快、安全、健康的成长。

由于生活课程的实施渗透在幼儿园一日活动中，与其他课程具有不稳定性、低结构和生成性的特点,在实施的过程中容易被教师忽略。其次,3—6岁幼儿的发展既缺乏一定的稳定性,还极具个性。幼儿因家庭教养方式不同而产生显著差异的生活习惯和能力。

面对发展各异的幼儿,教师对生活课程目标意识不强,计划性不强,习惯于说教,不能有效地将这些目标在一日活动中落实,最终导致"我的生活"课程流于形式。教师关注的是幼儿行为的发生,忽视了深层次的教育内涵,如克服惰性和畏难情绪以及积极、向上的生活态度等。

基于以上问题分析,我们尝试开展"幼儿园生活活动中班本微课程的构建与实施的研究",旨在挖掘"我的生活"课程的深层次内容,针对幼儿的发展差异有针对性地实施课程,让幼儿每天在真实的生活情境中发展生活能力,培养积极、向上的生活情怀,让课程切实成为每一个幼儿成长的"跑道",为其漫长的人生道路设计领先的"起跑线"。

一、班本微课程的构建思路

基于对"我的生活"课程的实施现状,我们主要从三方面引发转变。

1. 从研究"教"变为研究幼儿的发展需求,分析幼儿的共性、群性和个性的发展需求。

"教"的对象是幼儿,幼儿是否在教育过程中发生良性变化是教育有效性的根本体现。可见,科学掌握幼儿的发展需求是教育发生作用的重要前提。我们习惯在"教"的轨道上完成任务,却忽略了我们给予幼儿的是不是他们需要的,是否满足了他们的发展需求。老师们也习惯用感性经验"大概估摸"幼儿的发展水平,很大程度上让教育活动与幼儿的发展需求形成了落差。有鉴于此,研究幼儿应该成为研究"教"的基础,"教"才能发挥应有的效用。

2. 从课程的"统一"实施变为以班为本的差异化实施。

共性与个性并存是所有物种的特点,人当然也不例外。长期以来我国的基础教育深受前苏联学校教育的影响，"统一"实施课程已然成为学校的"惯性思维"。一代又一代人的个性发展在固有模式下被磨蚀。21世纪的今天已经到了应该发生改变的时候。在上海市学前教育课程整体框架的引领下，幼儿园应该根据幼儿的不同发展需求差异化实施基础课程，在兼顾共性特点的同时关注每一个幼儿的个性发展。

3. 从"说教"为主的教学方法变为基于体验和动手操作的实用型教学。

"说教"顾名思义就是教师"说"、学生"听"的灌输式教学。对学前儿童而言，行动直觉思维决定了教师直接灌输的内容难以进入幼儿的大脑。科学研究表明说教式的教育对学前儿童是基本无效的。《指南》一再强调"珍视生活和游戏在幼儿教育中的价值"，帮助幼儿在真实生活场景和游戏中亲身体验、动手操作，才能有效地帮助幼儿自主建构学习经验，这对于生活课程尤为关键。

鉴于此，我们以班本微课程为主要途径实施"我的生活"，帮助教师做到：明晰班级幼儿的发展需求，根据《上海市学前教育课程指南（试行稿）》和《3—6岁儿童学习与发展指南》确立培养目标，结合幼儿发展需求和培养目标制定微课程实施路径以及具体的活动设计，并通过形成性的幼儿发展评价及时调整课程实施。每一个微课程均围绕着一个具体内容进行构建和实施。在循环往复的课程实施中把每一个幼儿的生活发展内容向纵深推进。

接下来，我们将结合本园小一班穿脱衣服的班本微课程实例与大家一起分享我园班本微课程构建和实施的研究成果。

二、班本微课程的构建过程

班本微课程构建的第一步：明晰生活课程中幼儿的各类需求

《3—6岁儿童学习与发展指南》提出"幼儿的学习经验是以直接经验为基础的""要珍视游戏和生活的独特价值""幼儿在生活与游戏中快乐地动手动脑、感知体验、交往合作、探索创造是保证幼儿学习的最好条件"等一系列观点，使我们思考MY课程通过本园资源创设怎样的条件、提供怎样的机会给每一名幼儿以真实地生活,促进其在具体的情境中获得"体验自己"不一样的成长快乐。因此,我们根据幼儿发展需求,梳理了生活课程中的幼儿需求。

基本生理需求:指一日生活中衣、食、住、排泄等需要,包括进餐、午睡、饮水、如厕、盥洗、穿脱衣等基本生理需求;

依恋的需求:指需要与母亲或其他代养人、照料者建立长久而持续的情感联结;

秩序的需求:指对一日生活中有序的规则、稳定的生活习惯的需求;

爱与归属感的需求:指对愉快、温馨的心理环境的需求,包括对保教人员的信赖、与同伴的快乐相处,保持稳定的情绪,喜欢熟悉的群体;

安全感的需求:指对自主、安全、协调的物质环境的需求,包括明亮整洁、温度适宜、色彩柔和、空间充足、安全卫生的室内外环境;

成就感的需求:指幼儿在自我服务、自我照顾中体验到的成就感和愉悦感;

责任感的需求:指幼儿通过对物质的占有、生活独立、自由的选择权等,发展自主感和主动感。

在小班穿脱衣服微课程里,老师通过检核表发现了本班幼儿的需求和难点,根据观察梳理了班级数据。

小一班幼儿穿脱衣服能力统计图(单位:人)

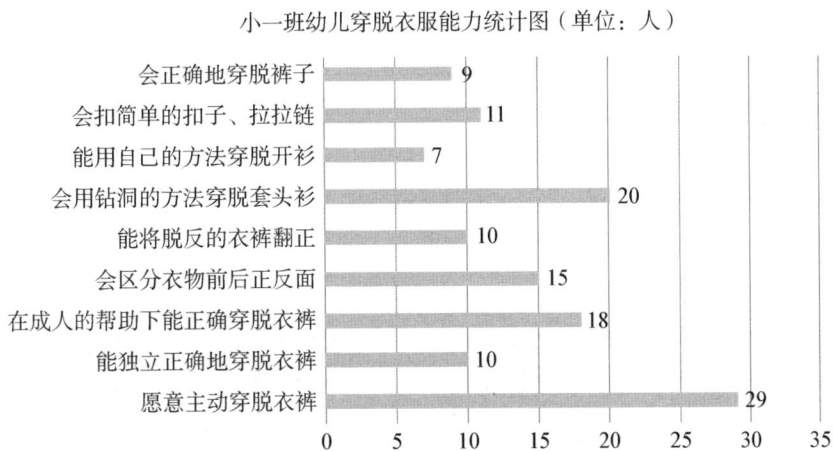

图 2-9 小一班幼儿穿脱衣服能力统计图

表2-1 小一班幼儿穿脱衣服能力观测表

观察日期 2018.3.27 观察者 刘老师 龚老师

表现水平 / 幼儿姓名（学号）	意愿			能力			行动					行为说明
	睡觉前或起床后，有主动穿脱衣裤的行为	在成人引导鼓励下，主动动手尝试穿脱衣裤	在成人引导鼓励下，也不愿尝试	能独立地正确地穿脱衣裤	在成人帮助下，能正确穿脱衣裤	会区分（衣裤）的前后正反面	能将脱反的衣裤翻正	会用钻洞洞的方法穿脱套头衫	能用自己的方法穿脱开衫	会扣简单的扣子、拉链	会正确地脱裤子	
1	√					√	○	√	○	○	√	
2		√			√	√	○	○	√	○	○	扣扣子的速度非常慢，想要放弃，不会插入拉链。
3		√		√	√	○	○	√	√	√	√	
4	√					√	√	√	√	√	√	
5	√		√			√	○	√	○	○	√	能脱到一半，袖子口需要帮忙拉一下。
6						○	○	○	○	○	○	

我们根据幼儿的行为细化了穿脱衣服的检核表,从态度到穿脱衣服的技能和方法细化了幼儿的行为表现。教师可以根据本班幼儿的具体情况对检核内容进行调整,尽可能适应不同班级幼儿的需求。行为记录后,教师只需要进行一个简单、方便的人数统计就对本班幼儿穿脱衣服能力的情况一目了然。以小一班为例,几乎全部孩子都愿意自己动手穿脱衣服,在成人的帮助下大部分孩子能正确穿脱衣裤,尤其是穿脱套头衫,但穿脱开衫、裤子和扣扣子(包括拉拉链)是本班幼儿的难点。独立穿脱衣裤则是教师需要持续关注的重点问题。

对幼儿需求的细化和解读能让教师进一步掌握儿童发展的重难点,更科学、有效地设计和实施教育活动,支持幼儿富有个性的成长。我们努力践行让幼儿在生活中学习,努力寻找和发现幼儿生活中有价值的课程资源,使每一名幼儿都得到发展的条件和机会。

班本微课程构建的第二步:整合幼儿的内在需求与幼儿园教育的外在需求,确立微课程目标

生活活动新教材是以全方位的视角完整地呈现生活活动的基本经验。教材中四大章节标题分别是:自理生活、文明生活、安全生活和愉快生活。这四个标题是对生活活动的核心要求的具体演绎,以幼儿适应社会发展要求,特别是适应未来生活应具备的生活经验为主线来编制纲目和内容。其用意就是要打破把生活课程局限在具体生活环节的做法,强调幼儿获取生活经验途径的多样性,加强生活活动在幼儿园游戏、运动、学习等各种活动及家庭生活中的渗透。所以,生活课程的内容是丰富的、多样的、整合的,关键是要把握幼儿年龄特点和当前发展需求。

在穿脱衣服微课程中老师客观掌握了幼儿穿脱衣服的难点后就需要结合《上海市学前教育课程指南(试行稿)》和《3—6岁儿童学习与发展指南》确立微课程目标:(1)穿脱技巧方面:辨认衣服的正反面,开衫和非开衫的穿脱方法,拉链和纽扣的操作要点;(2)情绪情感方面:不怕困难,愿意动脑筋、想办法解决穿脱问题;(3)生活态度方面:不怕麻烦,愿意尝试自己穿脱衣服。

只有目标明确教师才能在选择活动内容时准确地做出价值判断,敏锐地捕捉幼儿

图 2-10 穿脱衣服的目标维度

生成的课程内容,让课程实施方向明确、少走"弯路"。

班本微课程构建的第三步:基于目标计划课程实施路径

从目标出发,选择适宜的内容和途径,过程中和活动后有评价跟进——这样的流程能提升教师实施课程的目标意识,关注课程的动态调整,切实推动儿童的能力发展。在穿脱衣服微课程中,教师根据目标计划了一系列活动,以螺旋上升的态势推动幼儿穿脱衣服能力的提升以及态度的培育。

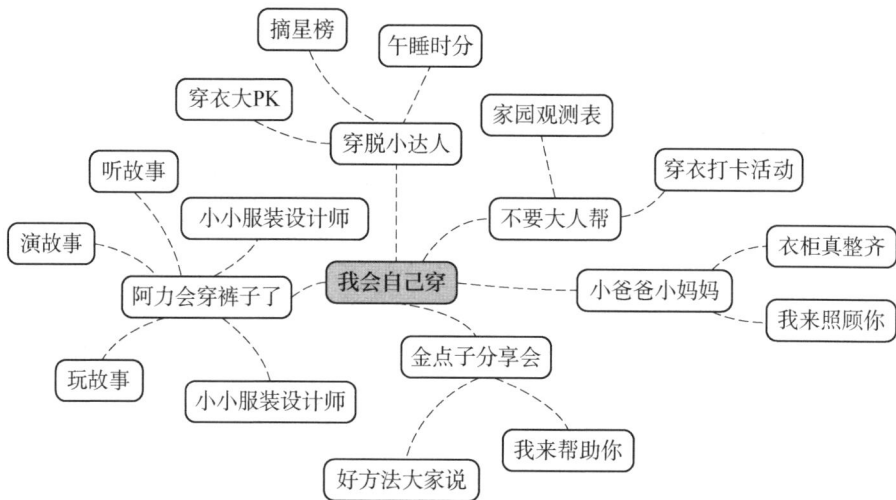

图 2-11 穿脱衣服微课程实施路径

基于老师们的班本实践,我们梳理了"我的生活"微课程的实施路径。

表2-2 "我的生活"微课程实施路径举例

实施路径	具体描述
游戏体验	让幼儿在游戏情境中以有别于"自己"的角色积累穿脱衣服的体验。
儿歌渗透	带有韵律的儿歌是小班幼儿喜欢的语言样式,在朗读过程不断习得生活技巧。
榜样示范	老师在真实情境中的亲身示范是幼儿的主要学习资源,模仿是学前儿童的学习方式之一。
生活小计划	由幼儿、教师和家长三方共同制定的、贯穿整个微课程实施的全过程,用于过程性的自评、师评和家长评等,有效引领幼儿发展的工具,如生活小达人的"摘星榜"等。
阅读拓展	选取适宜的图画书,激发兴趣,拓展儿童的视野,并为儿童树立"可亲近、可模仿"的典范。
自助活动	将幼儿园生活活动纳入有助于幼儿持续进步的教育范畴。 主要活动形式有:选择性进餐、自助午餐、自助午茶等。
互助服务活动	善于解读幼儿行为的内在发展动因,对幼儿的活动必须作动态的发展性考虑和方向性引导。 每学期要设计出既能实现幼儿阶段发展目标的持续性特色活动,又能满足幼儿阶段优势需要的主导性活动。 主要活动形式有:小鸟服务队、小能人俱乐部、值日生工作台、小当家等。
自由休闲活动	让幼儿自己调整、自己安排活动,其作用在于满足幼儿自理、松弛、宣泄的需要。 自由休闲活动突出了时间的控制,意在提示孩子在一个时段内安排好自己的事情,调整好情绪,为以后活动做好准备。 主要活动形式有:互联网上的玩伴、下课十分钟、自助安排一刻钟、混龄混班游戏等。
家园共育活动	双向观测、亲子指导、亲子互动等。

班本微课程构建的第四步:充实观察量表的科学使用

以满足幼儿发展需求为前提的"我的生活"活动,首先需要科学地把握幼儿的发展需求,即需要变基于经验的了解为基于数据的研究。只有科学地研究幼儿不同层次、不同类型的发展需求,才可能有针对性地规划课程,为每一个幼儿提供适宜、优质的教育服务。我们以《指南》和《课程标准》为依据,以《3—6岁课程嵌入式评价》提供的量表为基础,幼儿园课程研发部广泛搜集幼儿的典型行为把评价量表进一步细化,成为教师可操作的观察工具。各班级教师再根据本班幼儿的具体情况对观察内容进行删减或增补。

"我的生活"课程中,课程研发部针对一日活动中的各个环节,设计了小中大班幼儿来园、午睡、进餐、盥洗等环节的检核评价表,成为教师准确把握幼儿发展的工具。仍然以小一班的穿脱衣服微课程为例,课程研发部根据《指南》和《上海市学前教育课程指南》(以下简称《课程指南》)的要求,细化检核内容。《指南》中指出:"在帮助下能穿脱衣服或鞋袜",《课程指南》3—4岁的阶段目标是"有独立做事的愿望,学习正确洗手、穿脱衣服、自己用餐、喝水。"根据这些纲领性目标,根据衣裤的类型进行行为的细化。

表 2-3　"我的生活"检核评价表

幼儿姓名(学号) \ 表现水平	意愿			能力		行动						行为说明
	睡觉前或起床后,有主动穿脱衣裤的行为	在成人引导鼓励下,动手尝试穿脱衣裤	在成人引导鼓励下,也不愿尝试	能独立地正确地穿脱衣裤	在成人帮助下,能正确穿脱衣裤	会区分(衣裤)的前后正反面	能将脱反的衣裤翻正	会用钻洞洞的方法穿脱套头衫	能用自己的方法穿脱开衫	会扣简单的扣子、拉拉链	会正确地穿脱裤子	

检核表里目标的细化让老师的观察聚焦在每一个孩子的行为上,并在过程中记录和搜集幼儿的典型行为。随着幼儿典型行为的不断积累,课程研发部便能梳理和总结小班幼儿穿脱衣服的共性规律和个性特点,为下一轮检核表的修改和完善提供了科学依据。通过长时间的循环研究、开发和使用,各类检核表将日趋完善和科学,让 MY 课程的实施越来越具有针对性和适宜性。

三、班本微课程的实施要点

实施要点一：给予课程实施的弹性空间

一日活动中蕴含着很多的教育契机，我们常常会因为课程的设置一个一个环节往下赶，而忽略了最重要的生活教育。基于幼儿需求的"我的生活"课程需要灵活调整课程空间，开辟弹性空间才能让各班级的幼儿获得发展机会。

1. 给孩子多一点的时间来准备

从一日活动的环节进行调整，每天比原先多留出 15 分钟的生活活动时间，幼儿可以从容地进行自我服务，而教师也能有时间更好地观察幼儿的生活环节，进行个别教育和指导。

2. 给孩子多一点的机会来服务

抓住一切可以放手给孩子的机会，合理分配好时间，让幼儿在自我管理的同时感受为他人服务的快乐。如，美术活动前后，可以发挥值日生的作用帮忙布置、整理；抑或是请一半的幼儿先进行生活准备，一半的幼儿帮忙整理等。这样的机会在一日活动中还有很多，如区角活动前后、午餐前后等，都可以成为幼儿锻炼的时间，给孩子多一点机会，他会还你一片别样的天空。

3. 给孩子更多自助的空间

细数我们的教育，一日活动中有多少环节是幼儿真正可以支配，而不受约束的呢？在生活活动中，幼儿是活动的主体。他们所获得的身体、心理的发展是在一定的外部条件下，自身活动的结果。因此，我们在进行生活活动的过程中要研究幼儿的所想、所为。幼儿能够自己想的，就让他们自己想；幼儿自己能够做的，就让他们自己做。在发挥主体作用的过程中，培养他们的主体意识，发展他们的主体能力。

因此，我们思考一日活动中哪些环节能让幼儿自助式地活动，真正成为孩子自己的生活。如，我们尝试了好朋友餐桌——自选餐桌；我和朋友一起睡——自选小床；值日生活动——自助服务；温馨点心——自助点心、自主布置环境等活动。这些活动都非常受幼儿的喜欢,在自我选择的过程中,使枯燥的餐点和午睡等环节成为幼儿所期盼的时间,幼儿在自助的过程中自我习得良好的生活习惯,同时又收获了友情。

图2-12 好朋友餐桌　　　图2-13 选小床　　　图2-14 午睡室改造

图2-15 我喜欢的午睡间

微课程实施要点二:高低结构教育活动的灵活转换,让孩子在丰富的体验和操作中自主建构经验

《幼儿园教育指导纲要》指出:"幼儿园教育应充分尊重幼儿作为学习主体的经验和体验,尊重他们身心发展的规律和学习特点,以游戏为基本活动,引导他们在与环境的积极相互作用中得到发展。"在生活教育上,教师更加应当注意将幼儿放在主体地位,"说教"是无法让幼儿实现经验的自主建构,因为动手操作和亲身体验是学前儿童主要的学习方式。不在生活中经历、不在游戏中习练,幼儿是无法主动获取有益经验的。生活教育中,活动化和游戏化是推动幼儿自主学习的主要路径。在我们这次教育过程中,充分融合高低结构的教育活动,使用多种形式,丰富幼儿的学习经历。

小一班穿脱衣服微课程中,教师用绘本故事《阿立会穿裤子》导入,激发幼儿穿脱衣裤的主观意愿;把每天午睡前的脱衣服和午睡后的穿衣服各延长 5—10 分钟,以集体展示、同伴合作、个别指导等多种方式为幼儿提供学习和练习的机会;充分利用离园前或餐点前后的碎片化时间组织"经验分享会",通过说说"好方法"分享幼儿间的优秀经验;在娃娃家有意识地投放各种不同类型的衣裤,让幼儿在给娃娃穿脱衣裤的过程中进一步巩固经验;同时,在午睡间创设了"摘星榜"持续点燃幼儿学习的热情。与此同时,向家长发放《穿脱衣裤家园双向检核表》,有意识地指导家长在穿脱衣裤时充分放手、让孩子独立完成。

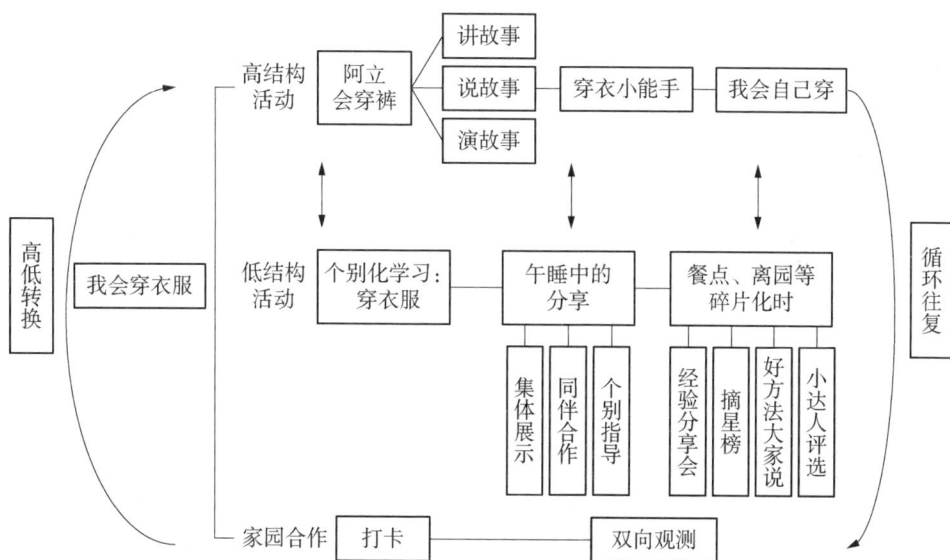

图 2-16　高低结构活动的转换

　　形式多样、循环往复的高低结构教育活动为幼儿经验的自主建构提供了实现的机会。生活教育的目标不仅帮助幼儿学习照顾自己,更重要的是引导孩子们遇到问题愿意想办法克服,从学习"自理"中学会"自立"。因此,生活微课程的实施充分运用了轻松愉快的游戏和生活场景,引导孩子们在反复的体验和操作中得到发展。事实证明,最后的效果是令人可喜的。

　　第一,让幼儿在真实的情境中学会生活。《指南》一再强调充分珍视"生活和游戏在儿童发展中的价值"。真实的生活是儿童学习独立生活的重要场景。让儿童在日复一日的生活中体验、感受和学习。课程是在一定教育目标指引下采取适宜的形式和方法组织实施的所有教育活动的总和。一日生活皆课程，在真实生活场景中组织的有目的的教育活动才能够帮助孩子解决真实的问题，也就是我们常说的"做中学"。对于儿童来说，每一天都是新的开始。同样，对于教育来说，每一天都充满了成长的生机。在变革和创新中思考课程、思考课堂、思考儿童，追求不断生长的课程。

第二，变结果性的学习为过程性的学习。儿童的认知需要一个建构的过程，有效的学习则是帮助他们完成这个过程。儿童的认知大厦是在"体验——操作——摆弄——获取意义——建构经验"循环往复的过程中建立起来的。所以，变结果性的学习为过程性的学习是学前教育课程实施的关键。

第三，用儿童发展过程的数据保证课程实施的有效性和科学性。在"我的生活"微课程的研究中，我们始终让儿童居于学习与发展的主体地位。研究儿童成为我园课程实施的核心工作。学前儿童虽然不能言说自己的学习和成长，但他们的一言一行都在向老师们传递他们内心的想法和需求。及时收集儿童发展过程的行为表现，随着时间推移和积淀，每一个孩子的发展特点和内心诉求都将"跃然纸上"、一目了然。通过科学的观测和评价，了解儿童的个体差异，有针对性地设计活动，让课程满足每一个儿童的发展需求，差异教育的灵活实施逐渐凸显。

生活是学前儿童重要的学习场所。"我的生活"微课程从儿童需求出发，尊重儿童的认知发展，满足儿童经验的自主建构，让儿童在生活中体验，在体验中学习。当然，在构建"我的生活"微课程的过程中，我们的老师如何更敏锐地捕捉教育契机，整体性地实施课程的意识和能力还需要进一步提升。在前行的道路上，我们会继续努力，让每一个儿童绽放精彩。

第四节　主题学习活动的优化

我园在"我的学习"中不断寻找学习活动的优化方法和载体，并尝试以项目为载体尝试对主题活动进行优化。通过不断的实践研究,我们深刻理解了项目化学习的核心理念,即"项目化学习是幼儿在一段时间内对某一驱动性问题进行深入持续的探索,在调动所有知识、能力、品质等创造性地解决新问题、形成公开成果的过程中,形成对核心经验和学习历程的深刻理解。"

项目化学习既是幼儿学习的方式,也是一种教师组织活动的方式。它是教师引导幼儿开展探究活动,产生深度学习的一种思路,在任何领域都可以用项目化学习的理念和路径开展活动。

下面,我就从项目化学习的实践经验出发,来和大家一起探讨项目化学习过程中的几个核心内容和设计实施的要点。

一、关注项目化学习中驱动性问题的来源

一个项目化学习是否成效显著,是否能激发幼儿对自己感兴趣问题刨根问底,鼓励幼儿动手动脑寻找问题答案,是否能让幼儿发展初步的探究能力、获取探索所需的有益经验,都与驱动性问题的选择有着很大的关系。

简单来说,驱动性问题就是项目化学习的动力源,也是幼儿在真实问题情境中的"终极目标",它会直接影响了项目化学习的实践过程和结果。驱动性问题的来源不是唯一的,它可能是幼儿、教师或是双方共同提出的。教师可以从以下三个方面思考如何进行选择和设计。

(一)源自幼儿现有经验和兴趣

项目化学习一个很重要的特点就是幼儿对于自己感兴趣的话题、现象进行探讨,寻求解释。项目化学习源自幼儿现有经验和兴趣的驱动性问题在项目化初期就能够抓住幼儿的注意力,吸引幼儿专注探究过程。因此,在课程开始之前,教师的一项重要的工作就是辨别幼儿萌发的兴趣,以及思考幼儿还有可能产生哪些新兴趣。有时候,班级几个幼儿会对某一事物或是某一现象非常的好奇,比如,幼儿会持续几天在自由

活动期间交流共同的话题,坚持在游戏活动时间开展某一游戏情节,连续观察自然角的动物或是植物等等。

在"怎么样让泥土更有营养"案例中,它的驱动性问题就是从幼儿讨论的热点话题而来。我们一起再来回顾一下整个项目的确定过程。

━━━━ 案例分享 ━━━━━━━━━━━━━━━━━━━━━━━━━━━━━

每天早晨来园,孩子们都喜欢在自然角照顾植物。一天,有孩子在照顾植物时说道:"为什么我们自然角里有很多植物养不活呢?"旁边的孩子也立马说:"是啊,我们已经给植物浇水了。""我们还把植物搬到阳台上晒太阳了,为什么它们还是养不活呢?"孩子们在自然角展开了热烈的讨论。

孩子们的话题引发了教师的思考。很显然,通过持续的观察和记录,孩子们对植物生长所需要的条件已经有了一定的经验,但是在新的热点话题中又产生了共同疑问。有了这样的思考,教师立马参与到了幼儿的讨论中:"那么植物的生长还需要什么环境呢?"一名幼儿说:"可能就是因为泥土没有营养,因为我爷爷在家里种花的时候经常会施肥。"

经过这样的简单讨论,"如何让泥土更有营养成为了孩子们的共同目标,驱动性问题也就形成了。

我们可以看到,在这个案例中,教师及时抓住了幼儿的热点话题和兴趣,在分析幼儿经验的基础上,有效推动了驱动性问题的形成。在幼儿园的一项活动中,教师需要始终保持敏感,思考判断幼儿产生的兴趣点是否能够成为有价值的探究内容,这是驱动性问题的一个重要来源。

(二) 源自幼儿生活情境的真实问题

在实施项目化学习的过程中,我们发现,越是幼儿在日常生活常见的、熟悉的事物和现象,越是受到幼儿的欢迎;而远离幼儿现实生活,幼儿触不到、摸不着的话题则无法顺利开展。这是因为学前期的幼儿处于前运算阶段,他们不可能做到抽象知识和经验的学习,他们是通过调动多种感官在"做中学",在亲手操作、亲身感知中将新经验内化到已有的认知结构中。因此,对幼儿生活中的真实情境进行探究符合幼儿认知世界的学习特点,有利于后续探究的顺利进行。

项目"怎样让泥路更好走"就是来源于幼儿生活中遇到的真实问题。

◈ **案例分享** ─────────────────────────────

秋天雨后湿漉漉的菜园,让在小菜园里照顾蔬菜的孩子们踩了满脚的泥。孩子们在回教室的时候发现走过的小路上和教室里都留下一串串"泥印",有孩子马上就找到了"罪魁祸首"。教师探寻到了问题的价值所在,通过引导幼儿进行讨论,引发了幼儿探索的兴趣,孩子们决定开启一场"田园道路大改造"。这个与幼儿生活密切相关的真实问题,让孩子们全情投入,展开了全方位的探索。

幼儿的学习离不开生活,生活中的任何小事件都可能会引发幼儿的有效探索。源自幼儿生活情境的真实问题能有效地帮助、引导幼儿发现规律、建立联系、积累经验,产生真正有意义的学习。同时,基于真实问题情境的探究为幼儿面对新的情境,解决新问题提供可参考、可迁移的思维方式和探究路径。

这就是驱动性问题的第二个重要来源。

(三) 源自主题核心经验

主题核心经验目标是教师实施幼儿教育、开展各类活动的重要抓手和风向标,根据主题核心经验选择和设计驱动性问题主要有两方面的意义。

一是项目化学习强调核心经验对幼儿发展的重要意义。将主题核心经验转成幼儿完成任务时必须面对的问题或挑战,能激活幼儿主动参与与核心经验有关的探究活动,帮助幼儿体会通过观察、探究、实践、社会性互动等获取核心经验的方法。

二是对教师指导幼儿活动有重要作用。由幼儿主导的项目化学习并不意味着活动的开展缺乏目标和计划。教师在设计和实施项目化学习时,心中要明确两条指导要点,一是要关注幼儿提出问题、建立联系以及个性化表达能力的培养,二是明确活动背后蕴含的核心经验目标。有了这两条指导线索,即便探究的具体内容要根据幼儿生成的兴趣和学习需要进行调整,但教师仍然可以做到深谙活动的内在目标,把握活动开展的节奏。

例如在主题下开展的项目化研究"怎样让州桥老街更美丽",它的驱动性问题就源自于教师对主题经验的链接。

案例分享

在"我们的城市"主题开展期间,幼儿关于州桥老街的话题引发了整个班级的热烈讨论。对于主题经验和目标敏感的教师立马捕捉到了信号,趁着孩子们兴致高昂之际,教师组织孩子们开展了一次讨论活动。通过讨论发现,孩子们的观点集中在两个方面:一是对州桥老街的喜爱,认为州桥老街很美。二是对州桥老街有不满意的地方,认为州桥老街环境不太好。于是,教师结合幼儿观点和相关主题目标,产生了"怎样让州桥老街更美丽"这样的驱动性问题。这个驱动问题既能让孩子对于老建筑的特点有所了解,又能引发他们关注城市发展与我们生活的关系。

通过这个案例我们可以看到,教师在选择和设计项目化学习的驱动性问题时可以与主题核心经验相呼应,思考将课程目标整合到项目化学习活动中,为幼儿与主题核心经验建立联系提供机会。

回顾刚才的三个案例,我们能够看到,设计项目化学习的起点是教师对于幼儿已有经验和关键经验目标的把握。心中始终怀揣着目标,才会有探寻项目化学习内容的"雷达"。

其次,项目化学习是一种基于真实问题的探究性学习,聚焦幼儿的真实世界、源于幼儿真实需求的问题才能引发孩子的真实探究。这就需要我们的老师不断关注班级幼儿的热点问题和当前兴趣,把握引发项目化学习的新可能。

这三个方面既是驱动性问题来源,也是衡量驱动性问题是否有价值的重要准则。

二、明确驱动性问题的特征

驱动性问题是项目化学习开展的线索,是幼儿保持学习一贯性和系统性的前提。一个有价值的驱动性问题引导幼儿从无目的的无意识学习转向有目的有方向的学习,让幼儿有机会经历提出问题、分析问题、解决问题、得出结论、评价反思的科学探究过程。驱动性问题需要具备以下几个特征:

(一) 驱动性问题具有开放性

一般来说,问题要指向"怎么样""为什么",要能够反映事物与事物之间的关系,体现某一现象与人们之间的关系。比如从"小鱼死了"的讨论中,教师设计了"怎样给小鱼提供适宜的生存环境"的驱动性问题。从"影子是什么样"的话题中,教师设计了"怎样让影子变得不一样"的驱动性问题,要为幼儿的深度学习提供探究空间和条件。

(二) 驱动性问题要体现程序性

比如对"蜗牛喜欢吃什么"的探究,如果直接告诉幼儿蜗牛喜欢吃的食物,幼儿很难同化或是顺应这样的经验。但是通过一步一步程序化的探究,幼儿就能真正获得关于蜗牛食物的知识。初始阶段,幼儿把各自带来的食物放到蜗牛饲养箱中,一个糟糕的观察现场,根本就无法判断蜗牛喜欢吃什么。第二阶段,教师抛出问题,"怎么真正判断蜗牛喜欢吃什么",幼儿经过讨论认为蜗牛爬过的食物是它们喜欢吃的,实验结果显示蜗牛会在果蔬和菜叶上爬。第三阶段,果蔬和菜叶蜗牛更偏爱哪一类呢?幼儿讨论认为看蜗牛吃哪一种食物吃的多,它们在饲养箱中投放了大小不一的生菜叶、青菜叶、茄子叶和萝卜叶。根据观察和记录的结果,幼儿发现青菜叶最先吃完,但是也有幼儿质疑,青菜叶子小,所以蜗牛吃的快。第四阶段,如何作出公平公正的判断呢?幼儿认为只有叶子大小一样,才能判断出蜗牛最喜欢吃的叶子。他们将叶子剪成大小一致,经过持续一段时间的观察和记录,他们发现蜗牛偏好茄子叶,而且喜欢新鲜的嫩叶。经过这样一步一步的实验、质疑、验证的过程,幼儿不仅内化了蜗牛喜爱的食物,而且初步体验了基于证据表达的方法。在后续的学习中,他们可以迁移和运用此次探究中学习到的实验方法,学习其他动物喜爱吃的食物,或是探索更多关于周围事物和现象的事实。

(三) 驱动性问题要体现事物的本质属性

也就是说,幼儿要能够将在项目化学习中建构事物及事物之间的内在本质,要能够在其他领域的学习中迁移和运用已建构和习得的经验和技能。例如,在"怎么让《蜗牛日记》变得有趣可读?"的探究中,幼儿学会了模仿《蚯蚓日记》中诙谐幽默的表现手法演绎蜗牛的生活习性、外形特征以及保护方法的科学知识。

三、建构项目化学习的预期实施网络图

驱动性问题确定之后,教师需要思考要以哪些内容载体和活动组织形式,让幼儿在任务驱动下主动经历探究过程。

项目化学习的第二阶段,建构项目化学习的预期实施网络图,也就是探究实施的方案。方案根据具体情况可以包括以下几个方面:

一是根据探究主题以及幼儿现有的经验、兴趣明确学习目标,目标设计要充分考虑可操作性、可实践性。

二是预设各类活动实施形式,根据班级幼儿经验、兴趣、需要的不同,思考哪些经验可以利用集体教学活动的形式在班级内铺开,哪些经验要融入个别化学习活动以照顾幼儿兴趣、需要的差异性,哪些经验要通过小组活动的形式开展,让每一个幼儿都能

充分发挥自身的优势,体现自身的价值。

三是确定探究过程中可能需要的资源,主要是指环境创设资源、工具材料资源、家长资源、社区资源等。

下图呈现的是"怎样让州桥老街更美丽"项目化学习的预设网络图。

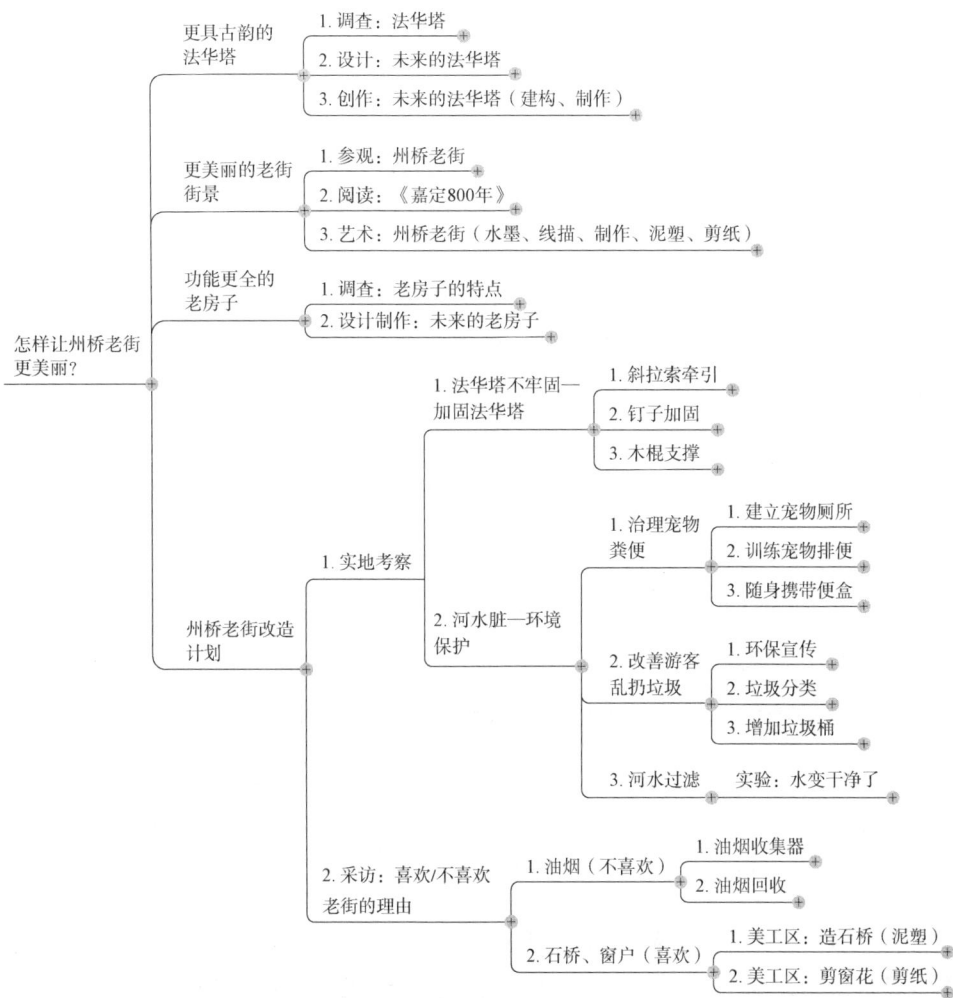

图 2-17 大班"怎样让州桥老街更美丽"项目化学习预设网络图

预设网络图是教师在活动开展前的计划,但是教育现场是复杂多变的,幼儿在活动中会生成很多教师预期不到的内容。在活动进行过程中,教师要合理判断幼儿生成的学习需求,对于当下能满足的个体需求,教师可以在活动中及时回应和处理,对于当下不能满足的学习需求,或是群体的需求,教师可以将幼儿新的兴趣点作为设计活动的依据,并将其添加进预设网络图中。

但在调整过程中,教师需要明确一点,活动内容和组织形式的变化要始终围绕活动目标。活动目标是项目化活动开展的主线,是教师组织活动和指导幼儿的方向盘。如果不顾活动目标开展活动,可能会导致活动开展的无序和无效,从而无法充分满足班级幼儿的学习需求。

四、明确项目化学习实施的支持策略

项目化学习的开展过程是教师和幼儿相互作用的过程,教师根据幼儿的具体情况,用营造真实问题情境、提供思维工具、创设探究环境等方式实施项目化学习,促进幼儿学习能力的发展。

(一) 营造真实问题情境

我们在项目化的过程中一直强调创设真实的问题情境。所谓真实的问题情境是指幼儿在尝试解决某个与生活息息相关的问题时,能够通过观察记录、操作实验、假设验证等过程亲身体验的,能让幼儿发现规律、建立联系、积累经验、真正得到发展的探索条件。只有在真实的问题情境下,幼儿才可能产生真正有意义的学习。

在探究前期,教师可以围绕探究主题开展讨论活动,以此来丰富幼儿探究所需的经验,引发幼儿提问和产生兴趣,让项目的探究方向有了多种可能性。

这里的讨论并不拘泥于教师主导的谈话活动。项目化学习中的讨论,主张幼儿主导讨论的方向,鼓励幼儿对自己感兴趣的现象和事物,发表自己的看法,提出各种各样的问题。当然,讨论可以在整个班级、小组或仅仅是两个幼儿之间。

在探究期间,教师也要营造真实问题情境,激发幼儿参与探究过程的好奇心和兴趣,促进幼儿持续深入地探究,让幼儿"做中学",在操作感知中建构经验。

（二）提供探究所需的认知工具

项目化学习中的认知工具包括引导、促进幼儿思维活动的工具，帮助其收集和分析信息、理清思路，帮助幼儿最终找到问题解决的方法。

考虑大班幼儿的认知发展特点，教师会提供思维工具，例如气泡图，帮助幼儿梳理收集而来的零散信息；提供参考资料，例如绘本，为幼儿寻找信息或是个性化表达提供参考依据。

我们通过以下几个我园开展的项目化学习活动来体会教师如何在探究过程中提供认知工具，并帮助幼儿使用。

1. 建立思维联系——气泡图

气泡图，是一个类似思维导图的思维工具，结构更简单，逻辑一般只走一层，也具有发散扩展的性质，所以特别适合孩子用它来发现和理解事物的多样特征，建立思维的联系。在比较中帮助孩子建立新旧经验之间的联系，促进孩子从多维视角看待事物思维的萌发，从而有效激活幼儿分析、比较的思维能力。

2. 构建计划与实践的联系——计划书

设计、制作计划书，对孩子学习能力的发展具有重要的价值。在这个过程中，孩子们可以把散点状、零散式的想法系统地记录下来，从而建构起对概念连贯性和完整性的认识。并且，在思考计划书制作的过程中，孩子们会积极动脑思考具体操作时需要的材料和步骤，从而培养了科学思考的能力，获得设计和计划的技能。

在教师的引导下，孩子们各自回去收集了各类材料操作书，有积木搭建操作书、玩具组装操作书、宜家家具组装说明书等。老师将这些资料布置在主题探索区中，让孩子在个别化学习的过程中随时翻看。通过集体分享活动，老师和孩子们一起梳理了一份有用的计划书应该包括哪些内容。有了关于计划的经验后，孩子们制作了第二份计划书，其中包括了人员分工、步骤说明、材料使用。随后，孩子们按照自己设计好的计划书井然有序地投入到造桥的活动中。

3. 学习使用参考用书——绘本

在"蜗牛"的探究学习中，幼儿通过观察记录、查阅资料等方式收集到了大量的蜗牛相关信息。可是,怎么有序地呈现这些信息,让幼儿的探究有框架? 如何促进幼儿结构化思维的发展呢?

带着这样的思考,教师借鉴了绘本的表现方法,选择《蚯蚓的日记》这本图画书。小蚯蚓在讲述自己的生活故事的过程中,以诙谐、幽默的口吻,告诉大家蚯蚓的外形特征、生活习性以及自我保护方法。这不正是蜗牛的探究框架吗。

教师和孩子们一起梳理了《蚯蚓的日记》的结构,将蚯蚓的外形特征、生活习性以及保护方法从故事情节中抽离出来。

孩子们对照这三大类,把收集而来的蜗牛信息进行归类和整理。

4. 个性化呈现探究信息——绘本成为幼儿表达的工具

孩子们以小组的形式认领任务,分成三组对信息进行科学的筛选和验证。最终形成了《蜗牛的探究日记》。

但在共读的过程中,孩子们发现这样的日记不吸引人,只是告诉大家蜗牛相关的科学的信息。所以,教师和孩子们再一次阅读了《蚯蚓的日记》。孩子们发现日记中是用"我"的第一人称,通过诙谐、幽默的语言向大家呈现蚯蚓的科学信息;用诙谐的情境,让大家知道蚯蚓的食物以及外形特征。

孩子们发现了这本日记中语言的小秘密,原来科学、严谨的知识可以通过如此有趣的语言表现出来,可以让人印象如此地深刻。

于是,孩子们兴致勃勃地开始了《蜗牛日记》的创作。例如,他们迁移《蚯蚓的日记》中关于食物的表现手法,在《蜗牛日记》中说到:"哇! 好大的一片菜叶,我决定今天什么事都不做,我要把它吃完。"

又如,孩子在探索的时候发现,蜗牛是靠坚硬的外壳保护柔软的身体的,而且他们还发现鸟是蜗牛的天敌。他们借鉴了《蚯蚓的日记》中关于保护方法的一篇内容创作了这样的故事情节:"哇! 天啦! 大鸟来了! 我们快点躲进壳里,装成石头吧!"

(三) 创设探究环境

幼儿是在与周围环境、他人的联结中建构经验。如果没有一定的探究背景,没有教师有目的有计划的支持和引导,幼儿即便能够在无意识中感知到一些经验,但是这些经验会是零散的、断点的,不一定会被幼儿纳入到原有的认知结果中,这样无目的的学习是低效率的。

因此,教师要本着帮助实现学习目标,培养学习能力,构建核心经验的目的,基于幼儿的接受水平,从环境中筛选出适合幼儿探究,并对幼儿有一定挑战的环境因素。

案例分享

比如在桥的探究中,教师在班级图书角投放了一些关于桥的书籍,为幼儿寻找解决桥的构造以及桥的材料等问题提供资料,也在班级环境张贴了孩子们收集来的各种不同的桥;方便幼儿翻阅比较,在材料超市投放一些积木材料、卡纸、卷筒、扭扭棒等材料,为幼儿提供练习技能和创造的机会。并创设了探索展示墙。

这里我想着重介绍展示墙的作用。我们常说墙面蕴含了教师的隐性课程,在幼儿的探究过程中,它能够展示幼儿的问题、信息和探究的结果,物化幼儿解决问题的过程。随着幼儿探究的进度,教师可以依次创设不同功能的展示墙,比如发现记录墙、互动问题墙、猜测推理墙、实证探究墙等等,帮助幼儿将零散的记录进行归类梳理,获取同伴的信息,形成系统的探究思维。

支持小组活动。维果斯基认为:教育是"引导"发展,通过与老师、父母以及其他幼儿合作与互动,孩子可以积极建构新的心智能力。① 小组合作的项目化学习为每一个幼儿充分发挥自己的作用提供了机会。经过实践研究,我们发现,3 人一组的小组结构稳定,幼儿相互之间能做到就对方的问题、意见、看法开展探究。

---

① (美)劳拉·贝尔克、(美)亚当·温斯勒著,古瑞勉译.鹰架儿童的学习:维果斯基与幼儿教育[M].南京:南京师范大学出版社.2006.

五、项目化学习活动的成果展示

（一）成果展示既是探究结果的呈现，也是运用探究经验的过程

探究的最后阶段，是探究结果的展示阶段。幼儿需要将自己通过假设、实验、操作、实地考察等途径获取的信息以某种可见、可听的形式进行展示。这是一个仪式感十足的阶段，幼儿要对自己的探究有一个交代，要想方设法地向他人展现自己经过一步一步研究所获得的经验。他们可以向同伴展现探究过程的资料，比如观察记录本、书写作品、建构物等，还可以用总结的形式将探究结果进行展示，比如一部剧的表演、一本书的发布、一个展板的说明等等。这个过程，让幼儿体验收获和成功的快乐，体验探究的乐趣，为幼儿下一个探究活动奠定情感、方法、技能、知识等基础。

（二）成果展示的形式要体现"有一百种语言"

探究成果展示的形式"有一百种语言"，展示的形式可以分为以下几种，一是设计制作类：有建构（搭建形状各异的桥）、绘画（我眼里的小鸡）等；二是扮演表演类，例如利用道具表演（影子剧）、角色扮演（我是消防员）等；三是符号记录类，例如记录本（蜗牛观察记录本）、自制绘本（蜗牛日记）、档案袋等。

幼儿喜欢并热衷于告诉他人自己的发现。在这个阶段，教师要为幼儿提供充足的时间和平台展现探究成果。例如开办展览会，让其他班级的幼儿、教师前来参观绘画、搭建作品；新书发布会，让幼儿大胆地介绍自己的作品；办一场舞台剧，鼓励幼儿表现自己。

第五节　幼儿个性化运动课程

依据《上海市学前教育课程指南》，幼儿园一日活动包括生活活动、运动、学习活

动、游戏活动等四类活动。运动是幼儿园课程重要的组成部分。随着运动园本化研究在我园的全面铺开,教师们感叹:最缺乏的是幼儿运动水平发展等本体性知识;最困惑的是幼儿当下运动行为水平的表现与识别;最需要的是面向每个幼儿不同的运动发展水平差异化的设计与实施。

一、"我的运动课程"的框架设计

为了让运动真正适宜每一个儿童的发展,并为教师提供科学的支持,我园组建以中高级教师、骨干教师和体育专任教师为主的运动课程核心组,结合幼儿发展与教育规律和运动专业知识,基于我园"我的课程"的理念,深入开展运动园本化研究,形成"我的运动课程"。

"我的运动课程"的目标是:为每个幼儿提供适宜其运动发展水平的支持,提高幼儿身体素质、运动协调能力和适应环境的能力,为幼儿健康发展奠定基础。

"我的运动课程"以基本动作作为内容组织的维度,将运动领域的能力要求融入到幼儿身体运动的基本动作中,以幼儿为主体进行描述,使得课程实施中更加关注幼儿的主体地位和经验。

表2-4 "我的运动课程"内容维度与指南的对应关系

"我的运动课程"内容维度	对应《3—6岁儿童学习与发展指南》	
	具有一定的平衡能力,动作协调、灵敏	具有一定的力量和耐力
我走	√	√
我跑	√	√
我跳	√	√
我投	√	√
我爬	√	√
我稳	√	√

《上海市学前教育课程指南》从课程功能维度将幼儿园课程分为共同性课程和选择性课程，"我的运动课程"由满足全园幼儿共同性发展需求的运动活动、满足班级幼儿差异化需求的运动活动和满足幼儿个体发展需求的个性化活动组成。从运动发起主体划分，"我的运动课程"分为幼儿自主运动和教师发起的运动；从运动组织形式划分，"我的运动课程"分为区域活动和体育游戏。

"我的运动课程"实施是根据幼儿不同类别的需求进行分层与分类，有目标地开展差异化课程。课程实施关注幼儿学习的过程，体现过程性；过程中持续观测幼儿的发展情况，体现科学性；根据幼儿的发展状况，动态调整课程实施内容，体现针对性。其本质是以幼儿学习与发展为内核，差异化实施与动态调整课程内容，展现教育螺旋式上升过程。

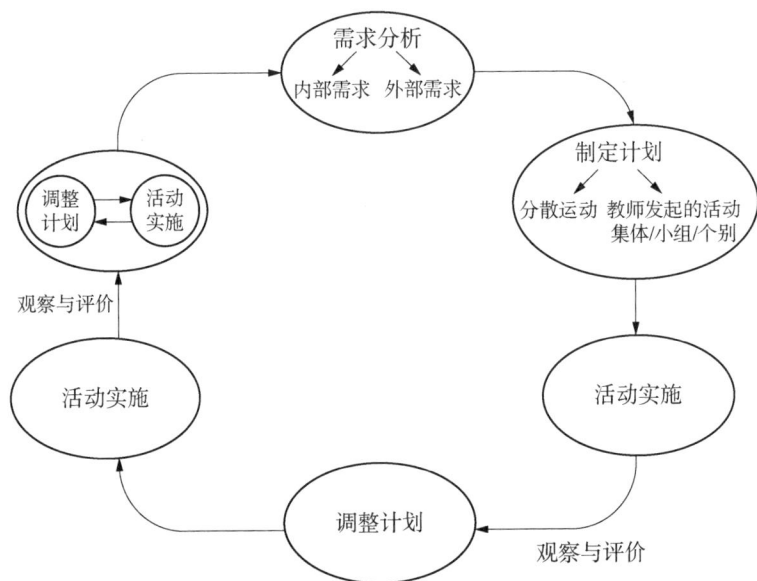

图 2-18 "我的运动课程"实施改进路径图

"我的运动课程"评价主要指向幼儿运动能力发展，以"评价促发展，评价促改进"的理念引领评价实施，将依据评价工具收集到的幼儿运动中的数据作为课程差异化实施与改进的依据。

概言之，在基于教师真实问题的运动园本化研究过程中，构建"我的运动课程"，创生以动作发展科学性和课程实施差异化为特征,指向每个幼儿个性化发展的阶梯式运动模式:形成基于幼儿体能发展实证数据差异化制定运动方案的订制模式,形成基于循证和动作发展差异化实施运动的运行模式,形成运动中教师差异化支持幼儿体能和品质发展的指导模式,最终指向幼儿个性化发展。

二、"我的运动课程"的实施与推进

(一) 基于调研的问题发现与行动,夯实教师本体性知识

在调研中,我们发现了几个重要的问题:(1)教师对各年龄段幼儿运动发展目标和动作发展要求不够清晰;(2)教师在运动中对幼儿运动能力观察与分析的意识和能力还不够;(3)教师根据幼儿运动发展目标以及动作发展需求科学设计活动的能力还需加强,特别是针对教师发起的运动游戏的重视度还不够;(4)教师根据不同幼儿的发展需求差异化实施运动课程的能力还需进一步提高;(5)教师设计的体育活动科学性和系统性不够强,运动强度不能充分促进幼儿身心的发展;(6)教师自我运动经验不足,体育活动中只是观察者和保护者,却缺少在运动中对幼儿进行指导。简而言之,教师系统性的幼儿运动发展知识不够扎实,在运动过程中识别幼儿运动水平并提供支持的能力有待提升。

基于此,我园进行了以下尝试:一是组建以体育专业教师引领的运动课程核心组,强化教师运动本体性知识的学习,如幼儿基本动作发展的序列和梯度,以确保运动的科学性;二是依据《上海市学前教育课程指南》等编制我园《户外体育游戏操作指引》,将幼儿动作发展和日常运动活动、运动器材进行关联,为教师指导、支持幼儿运动提供抓手。

表2-5 幼儿运动基本动作进阶式发展—以平衡能力为例

影响因素	平衡分类	实施方法	动作发展梯度		
			阶段一	阶段二	阶段三
1 支撑面的大小	静态平衡	改变身体接触面	双脚支撑站立	双脚踮脚站立	单脚支撑站立
		改变支撑面稳定性	平衡木上站立	平衡球上站立	荡荡桥上站立

影响因素	平衡分类	实施方法	动作发展梯度		
			阶段一	阶段二	阶段三
2 支撑面的稳定性 3 身体重心高低 4 身体的感知觉	静态平衡	改变身体重心	站立支撑	蹲立支撑	平板支撑
		改变前庭刺激	闭目站立	旋转后静止站立	闭目旋转后静止站立
	动态平衡	改变身体接触面	恰恰步走	交叉步走	垫脚走
		改变支撑面稳定性	地标线上走	平衡木上走	荡荡桥上走
		改变身体重心	站立行走	蹲立行走	手持物行走
		改变前庭刺激	侧向滚动	前滚翻	后滚翻

研究发现,影响幼儿身体平衡的四个因素是支撑面的大小、支撑面的稳定性、身体重心高低、身体的感知觉,教师可分别从静态平衡和动态平衡开展进阶式的活动设计。如,发展静态平衡能力时运用减小支撑面积的方法,循序渐进改变身体静力支撑的身体姿势,双脚支撑站立→双脚踮脚站立→单脚支撑站立;发展动态平衡能力时,则通过减低支撑物稳定性的方法,循序渐进的改变支撑物的种类,设计从地标线上走→平衡木上走→荡荡桥上走的进阶式活动,基于动作发展规律进阶式的设计运动方案,让运动更加科学。

(二) 基于数据的课程需求与分析,提升教师观察识别能力

如何识别班级幼儿、个别幼儿运动发展的差异化,并有针对性地提供运动活动的支持,成为运动课程实施中的新问题。识别的基础是观察与分析,对幼儿在运动中真实活动状态的观察与实录就成为收集数据的必要途径。我们依据《3—6岁儿童学习与发展指南》《上海市学前教育课程指南》,结合国家体育总局颁布的《国民体质标准测定手册(幼儿部分)》制定全园幼儿运动发展的评价工具,使用定量与定性分析相结合的方法,对幼儿在运动中的真实表现状态以数据记录的形式进行收集。

学期初,运动课程核心组专职教师对全园幼儿进行体能发展的诊断性评价,了解幼儿已有运动水平和能力。学期中,教师以现场观测、视频录像等方式进行常态化观测,对班级每个幼儿运动水平进行形成性评价,并据此数据进行差异化课程实施;家长通过家庭日常活动的观察了解自己孩子的运动强项和弱项,和幼儿园形成教育合力,促进幼儿体能的全面发展;幼儿通过自我评价,了解自己的运动优势和不足,寻找自己的运动兴趣。学期末,运动课程核心组专职教师对全园幼儿进行体能发展的终结性评价,了解幼儿本学期运动发展情况,为运动课程实施有效性提供证据。

表 2-6　幼儿运动发展评测工具及使用方法

	工具	目的	适用年龄	时段及频次	评测主体
1	《幼儿体能发展观测表》(包括速度、力量、灵敏、协调、柔韧、耐力等身体素质发展水平)	比较全面了解各班幼儿的运动经验和身体发展水平;分析全园幼儿基本体能素质发展情况	中大班	每学期初和学期末教师以现场观察、体质观测等方式对全园各班幼儿进行体能发展观测	专任教师
2	《幼儿运动能力发展日常观测表》(走、跑、跳、投等基本动作表现情况)见附件 1	了解每个幼儿自身运动经验和身体动作发展水平;持续跟踪幼儿运动发展水平	小中大班	时段 1:上午分散运动期间 时段 2:下午体育游戏期间	班级教师
3	《幼儿运动发展家园双向观测表》	科学指导家长了解幼儿运动发展情况	小中大班	弱:每周 1 次 一般:每月 1 次 强:每学期 2 次	家长
4	《幼儿区域运动能力观测表》(室内 5 个和户外 10 个)见附件 2	收集幼儿室内外地使用器材的直接经验;进一步了解幼儿运动能力发展趋势	小中大班	每周室内外活动期间进行多次观察记录	班级教师
5	《幼儿运动自我评价表》	养成在运动活动中表达需求、自我安排、自主评价;培养幼儿运动兴趣和活动中的自我觉知	中大班	融入于一日活动中	幼儿

在对幼儿体能发展的数据进行全面收集后,我们将数据依照《国民体质标准测定手册(幼儿部分)》体能标准转换为六个不同的等级,从上到下依次为:强、较强、一般、较弱、弱、非常弱,通过幼儿表现的情况判断幼儿在"我的运动课程"下基本动作能力和体能发展程度。了解每班、每个幼儿的运动经验和身体发展水平,逐步形成"个人健康档案"、"班级分析报告"、"全园运动发展趋势",提升教师课程实施改进的实证意识,关注每个阶段课程实施的效果,看到儿童发展的足迹。

全园幼儿体质测试评分能力等级表

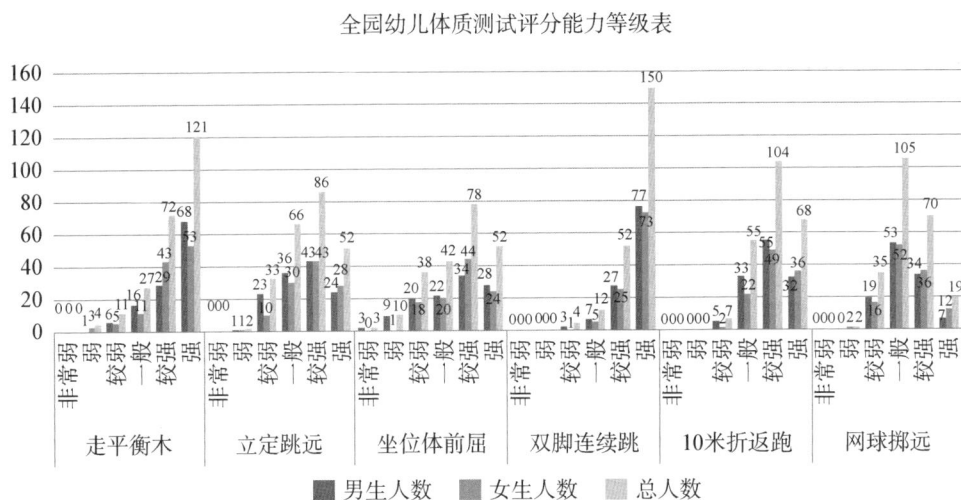

图 2-19　幼儿园幼儿体能发展观测数据分析

在全园幼儿运动发展报告的分析中,平衡能力与双脚连续跳的水平绝大多数幼儿处于"较强"或"强"水平;幼儿在立定跳远、坐位体前屈、网球掷远三个项目上相对较弱。于是,我们分析了影响幼儿这几项体能发展的原因。

表 2-7　幼儿园幼儿体育活动弱势项目原因分析表

项目	涉及能力	原因分析
坐位体前屈	全身柔韧性	1. 生理原因:柔韧性随年龄增长而下降; 2. 环境原因:幼儿日常体育活动中缺少关节与肌肉拉伸练习。

项目	涉及能力	原因分析
立定跳远	下肢爆发力	1. 日常游戏设计针对下肢爆发力的内容较少； 2. 教师日常游戏中对立定跳远的动作讲解较少。
	上下肢协调性	
网球掷远	上肢（双臂、肩部、腰背部）肌肉力量	1. 我园锻炼上肢肌肉力量的相关器材、活动场地等设施偏少； 2. 幼儿参与投掷类活动的机会较少，部分投掷类活动设计趣味性不高，难以吸引幼儿积极参与。
	空间位置感	
	手脚协调	

各班教师在运动课程核心组老师带领下，形成各班的幼儿运动发展情况报告，根据分析图教师能清晰地了解本班级幼儿当前体能发展情况。

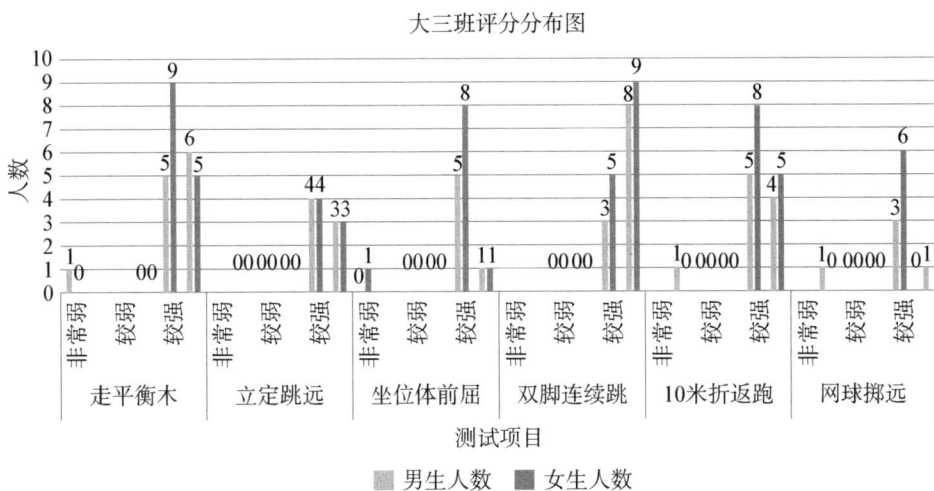

图 2 - 20 班级幼儿体能发展情况分析：以大三班为例

上图为大三班幼儿运动体能整体情况分析图，教师通过数据分析后发现，本班级幼儿优势与弱势情况及可能原因分析如下：(1)走平衡木、10米折返跑整体水平较好，说明本班级幼儿平衡能力较好、反应能力及快速位移能力较好。(2)立定跳远和网球掷远的整体水平较弱，说明本班级幼儿下肢力量较弱、上肢力量及操控能力较弱。教师对此进行了原因分析：个别幼儿有营养不良，身体力量素质较弱，容易导致蹬地力量不足;幼儿平时缺乏相应的上肢力量锻炼,而且投掷姿势的不正确,出手角度较小,向下方投掷,导致网球在空中飞行距离较近。

教师根据幼儿体能发展数据,得出各项体能中薄弱幼儿的情况,并分析原因,制定班级的运动差异化活动方案,针对班级优势和弱势开展日常运动活动,如在运动区域增加锻炼上肢力量的活动内容,比如"打怪兽""堡垒对战"等,指导幼儿在游戏化的运动过程中习得正确锻炼上肢力量和上下肢协调的动作。

在分析班级幼儿优势与不足的基础上,我们关注在某一运动领域中相对较弱的幼儿,分析弱势的可能原因,解读他们的运动发展需求;同时,对整体较弱的幼儿进行个体分析,了解他的运动优势和不足,以期在后续指导中更加科学。以大三班为例,班级中各项运动发展较弱的幼儿和个别幼儿体能分析情况如下。

表 2-8　大三班幼儿体能观测弱势情况梳理表

表现情况	走平衡木	立定跳远	坐位体前屈	双脚连续跳	10 米折返跑	网球掷远
非常弱	＊瑜涵		＊婉童			
弱		陈＊＊			＊昱同	陈＊＊
较弱	＊彦芃 严＊＊	＊熙辰 ＊璟轩 ＊俊辰 ＊疏影		封＊＊	王＊＊ 林＊＊	＊璟轩 余＊＊ 王＊芯 ＊家爱

为更好地关注在运动方面发展较弱的幼儿,我们将班级平均数据收集汇总,分析个体幼儿的体能情况。

(三) 基于循证的课程决策与改进,促进幼儿个性化运动发展

根据以上调研和数据,我们形成基于幼儿运动发展实证数据的差异化课程实施路径:首先,对幼儿运动能力发展进行常态下的跟踪观测与收集,并进行阶段汇总与分析,形成全园幼儿、班级幼儿、个别幼儿运动能力的证据;然后,根据班级、个别幼儿运

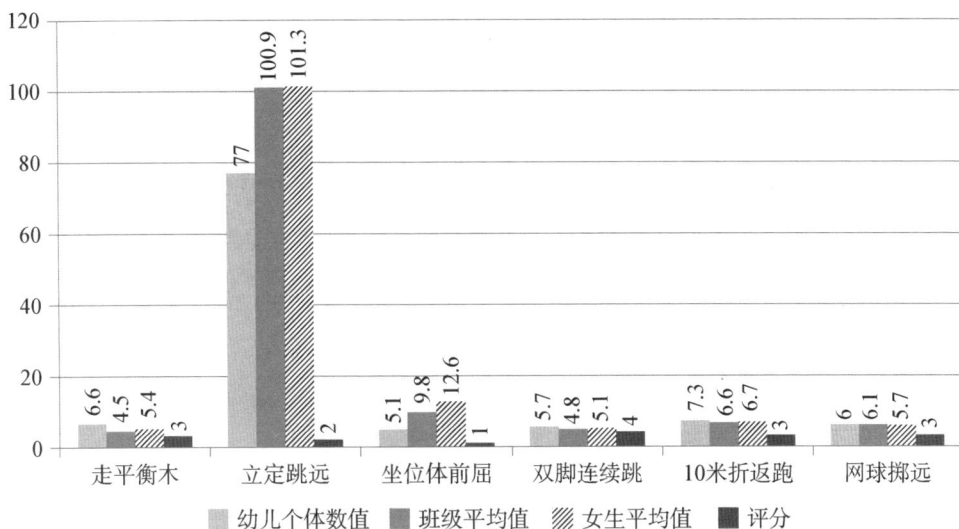

图 2-21　个别幼儿体能分析表

动发展的差异化,制定班级差异化的运动方案和个别化指导方案,通过家园共育的方式提升幼儿运动能力,最终形成指向幼儿个体运动发展的"我的运动课程"。

　　"我的运动课程"是基于实证数据分析的差异化课程实施,强调课程实施的循证依据,注重课程实施过程中的评价及基于评价的动态调整过程。基于评测数据的"我的运动课程"循环改进路径如下。

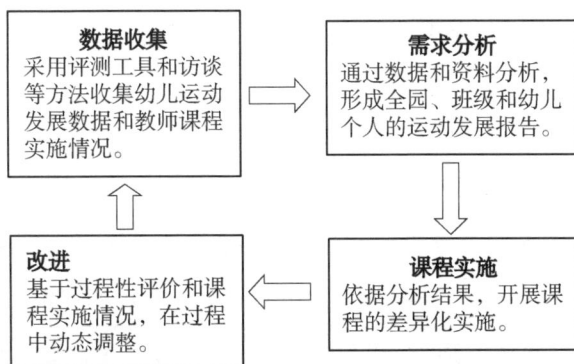

图 2-22　"我的运动课程"循环改进路径

1. 幼儿园顶层设计

根据全园幼儿运动发展的数据收集,幼儿园运动课程核心组根据全园幼儿发展的优势和弱势多角度思考全园运动场地的规划:创设包含幼儿运动基本动作的综合性场地区域、制定场地轮换机制平衡幼儿动作发展均衡性、更新场地互动形式满足班级差异化需求;同时,完善运动操作指引,形成"我的运动课程"的迭代。

一是场地区域规划调整机制,保证幼儿运动基本需求。我园户外运动场地分为南区和北区,由大大小小的山坡、草地、S型的塑胶跑道、木地板等组成,各类固定运动器械分散在各个山坡上。结合我园运动场地的特质,充分利用山坡的特质,幼儿园合理开发各个场地的内容,让每个山坡发挥不同的运动效果,满足班级幼儿运动需求和每个幼儿运动发展的需要。基于此,幼儿园统筹将运动场地划分为十个涵盖基本动作的区域——投掷区、走跑跳区、轮胎区、平衡攀爬区、球类区、大型综合玩具区、钻爬区、车类区一、车类区二、木制综合攀爬区,设施一目了然。

基于全园幼儿运动情况分析,幼儿园定期对运动场地区域划分进行微调并丰富相关运动器材,形成基于幼儿运动发展需求的场地区域规划调整机制。如,发现幼儿园孩子上臂力量发展整体偏弱,在运动场地上增加锻炼上臂力量的运动器材,如单杠,双杠,鞍马,平衡带桥,网球、滑板等;又如,采购大量趣味性器材:碰球球、平衡车、坦克车、轮胎筒、平衡绳、海盗船、投掷枪、飞盘等,满足儿童的各类运动需求。激发了幼儿运动兴趣,幼儿动作发展以及上肢力量、协调能力、操控能力明显进步,运动中的智慧得以凸显。

二是场地轮换机制,保证幼儿运动发展的均衡性。一方面,开展混班运动。为了更好地凸显我园课程理念,"我的运动"活动中关注儿童的兴趣、经验,满足儿童自我选择、自我安排、自我规划。所以我园每周五为混班运动,教师和幼儿提前自我规划场地,幼儿根据自己的兴趣,自主选择场地进行运动。同时我们利用心率手环关注运动中体弱儿、肥胖儿等特殊儿童的心率变化情况,提高孩子自主运动的积极性,出现心率变化异常,能够及时采取适宜的保教配合及跟进指导。另一方面,早操凸显课程理念的场地及形式调整。在幼儿体质分析报告中发现我园幼儿柔韧性整体偏弱,在调研中也发现幼儿做操的兴奋度不够高。因此结合我的精神理念,我们进行了"我的早操"访谈活动,采访幼儿"我喜欢怎样做早操",针对早操的场地、早操的形式等内容访谈幼儿。孩子们的回答启发了我们新的思考:我的理念是在尊重儿童需求基础上,解读儿童发展水平,设计适宜的活动,以实现我提高的课程。在早操环节是否也能实现"我的早操我做主"? 于是我们遵循儿童的意愿,进行了幼儿操节场地的调整、队列调整,由幼儿自选做操场地,自我选择做操队形。我们看到孩子选择的场地包括山坡上、草地上、树林里等,做操的队形有圆形、方形、三角形等。活动大大提升了幼儿做操的兴趣,动作幅度有明显提升,进一步提高幼儿的柔韧性和体现孩子在运动中的智慧。

三是场地互动形式满足班级差异化需求。根据幼儿体能分析报告,在每日分散运动及下午体育游戏中,准许教师合理安排弹性的作息时间,根据班级幼儿运动发展情况进行差异化设计与实施。如,当班级轮换到新的运动场地时,教师要根据班级幼儿的动作发展情况,做适宜的调整设计"10 分钟准备活动 + 20 分钟基本动作学习 + 30 分钟自主运动";又如,当老师发现班级幼儿有竞赛需求时,时间又可调整为"10 分钟准备活动 + 20 分钟自主运动 + 20 分钟分组比赛 + 10 分钟身体拉伸"等等。在"我的课程"实践的过程中,教师作为班级层面的课程领导者,享有课程自主研究与教学的权利,能够在一定范围内动态地调整课程实施的场地和时间。我园运动组织形式与实施要点如下。

表 2 - 9 幼儿园运动组织形式与实施要点

时间		组织形式	实施要点
8:10 — 9:10	周一	准备活动 动作学习 自主运动	1. 以基本动作技能为主,如爬、走、跑、跳、平衡、攀爬、投掷、球类、骑行等。(时刻关注内在需求表现) 2. 动作学习中先让幼儿自主探索,再根据幼儿水平进行必要的动作示范,让幼儿掌握动作要领。 3. 自主运动中多关注运动能力偏弱的幼儿。(如有运动特殊需求的幼儿) 4. 记录幼儿在自我探索中表现的创造性动作。

时间		组织形式	实施要点
	周二 — 周四	准备活动 自主运动	1. 自主运动中多关注幼儿动作发展和运动品质。 2. 自主运动中根据幼儿能力的差异进行针对性指导。 3. 自主运动多关注幼儿之间的团队合作。 4. 记录区域体育器材幼儿的使用情况。
	周五	准备活动 混班运动	1. 同年级组进行混班运动。 2. 自主运动中根据幼儿能力的差异进行针对性指导。 3. 关注每个区域幼儿的安全和运动量。 4. 让幼儿了解自身运动强项与弱项,鼓励幼儿去别的班活动。
15:30 — 16:00	每周	准备活动 动作练习 体育游戏	1. 专项动作学习(中班进行拍球练习,大班进行跳绳练习。等中大班大多数幼儿学会跳绳和拍球,后续一周以1—2次的练习为主)。薄弱动作学习(根据体质测试结果,发现班级运动能力的不足之处)。 2. 运用易搬运器材,巩固本周学习的基本动作技能。 3. 老师既是指导者也是参与者,与孩子一起享受运动带来的快乐。 4. 游戏强度以不低于中等强度为宜,依据幼儿体能过程性调整运动强度。

四是完善运动操作指引,形成"我的运动课程"迭代。在日常运动中,教师由于运动专业知识的缺乏,经常会出现只关注幼儿的情绪是否愉悦,而对幼儿在运动中动作的科学性,运动能力的发展方面思考甚少。为此,幼儿园编制了《幼儿运动课程操作指引》,其中包括各年龄段运动发展目标及基本经验、各年龄段动作发展要求、各运动区操作指引、幼儿运动解析等,将运动专业的知识梳理到文本上,为教师系统性指导幼儿的运动实践提供科学依据,在源头上确保运动课程的科学性。操作指引从关注动作的1.0版本到关注运动能力发展的2.0版本,再优化到关注差异化实施的3.0版本,不断引领教师更好地实施运动课程。

2. 班级差异化实施

以我园大三班为例,各班教师通过对班级幼儿运动发展情况的数据分析,整体构建班级运动活动差异化实施方案,并根据儿童运动能力发展的差异性,科学设计运动场地的内容。关注共性与个性需求,关注内容的挑战性,关注幼儿的运动智慧,灵活设计、动态调整、进阶式实施"我的运动",让幼儿循序渐进地学习基本动作技能。

表 2-10 下肢力量阶段发展内容参考

影响因素	跳的分类	实施方法	动作发展梯度		
			阶段一	阶段二	阶段三
1. 下肢爆发力 2. 上下肢协调性	双脚蹬跳	跳远	高处跳下	低处跳上	高处跳下接跳上
		跳高	跳跃细绳	跳跃栏架	纵跳摸高
		连续跳	连续前跳	连续侧跳	连续收腿跳
		综合跳	连续双脚跳+开合跳	连续双脚跳+弓步跳	连续双脚跳+后退跳
	单脚蹬跳	前跨跳	原地跨跳	助跑跨跳	连续跨越障碍
		侧跨跳	侧跨走	侧跨跳	连续侧跨跳
		单脚跳	连续单脚前跳	连续单脚侧跳	单脚跳摸高
		综合跳	单脚跳+开合跳	单脚跳+弓步跳	单脚跳+后退跳

表 2-11 针对下肢力量的运动活动设计

发展领域	活动设计				
	动作练习	体育游戏	区域运动		家庭需跟进的活动
			室内器材	户外器材	
下肢力量	连续双脚跳 纵跳摸高 连续侧跳 助跑跨跳 跨越障碍跳 连续单脚跳	青蛙王子 大力超人 蹦蹦跳跳 小马过河 跨栏高手 小独角兽	1号区:毛毛虫、垫跳跳 2号区:羊角球、标志盘 3号区:栏架、呼啦圈 4号区:足球、标志筒	2号区:跨栏、跳跳鞋 3号区:网格轮胎路 5号区:足球、篮球 8号区:三轮自行车、滑板车 9号区:平衡车、扭扭车	建议家长多鼓励孩子: 骑自行车、跑步、爬楼梯 亲子体育游戏: 小袋鼠跳、乐跳格子、开小汽车、跳绳
重点关注幼儿名单	＊昱同、＊彦芃、严＊＊、林＊＊、平＊＊等幼儿				

表 2-12 针对下肢力量的体育游戏(示例)

活动内容	矮人超人变变变
活动目标	1. 锻炼腿部爆发力,提高行进间的快速变换跳跃能力; 2. 提高身体的跳跃能力,具有一定的耐力。
活动准备	2 块彩色数字垫、2 条木板
活动过程	**一、故事导入** 超人你们都认识吗,超人的本领是什么?(他会飞!)那么今天我们就来学一学勇敢的超人吧。 **二、游戏形式** 1. 男生女生分两组游戏 2. 根据口令做起跳动作 3. 根据游戏进程在幼儿起跳点与终点之间加上木板 **二、游戏方法** 引导幼儿听口令做动作。 1. 老师说"矮人"时幼儿双手下摆、双膝弯曲。 2. 老师说"超人"时幼儿双手上摆举高,双脚踮起,身体像超人一样伸展开。 3. 用"矮人、超人、矮人、变!"这样的指令引导幼儿做起跳前的准备动作,说到变的时候跳出去。 **差异化指导:** 1. 重点指导个别幼儿(＊乐辰、＊心尧、＊范范)的起跳动作,注意幼儿在起跳前身体动作的协调性以及肢体伸展是否到位。 2. 提醒幼儿(＊骏陈、＊宗璞、＊乐远、＊睿濚、＊亦如、＊瑞泽)落地时脚跟着地,轻轻落。

3. 幼儿个性化定制

"我的运动课程"旨在基于每个幼儿学习与发展的不同需求,为每个幼儿提供最合适的教育,让幼儿在自己的最近发展区内获得发展。个体幼儿健康运动方案制定路径:分析原因→分阶段实施→家园共育→调整反馈。为每一个孩子订制个性化、配方式运动课程,让每一个孩子获得一份明确的"运动课程标准",促进儿童动作和体能的全面发展。根据每一个幼儿的学习特点和发展需求,设计有差异的运动课程"配方",并多样地、活跃地推进,满足儿童运动课程的共性需求和个性需求。下图为某幼儿个

```
                              运动方案
        ┌──────────────────────┼──────────────────────┐
    立定跳远                                      坐位体前屈
  （下肢爆发）                                    （柔韧性）

指导要点：增加下肢爆发          指导要点：关注广播操动
力练习，如抬腿等                作到位，有节奏，有力量

  ┌────────┬────────┐            ┌────────┬────────┬────────┐
阶段一   阶段二   阶段三        阶段一   阶段二   阶段三

部位运动：    部位运动：    部位运动：    部位    阶段一    部位    阶段二    部位    阶段三
双脚交替踩    左右脚交替    脚内侧运球    运动              运动              运动
球、运球前    控球、脚内    运球绕障碍
进、两人传    侧运球前进    行进间传接    静态拉伸：  体育游戏：  静态拉伸：  体育游戏：  静态拉伸：  体育游戏：
接球                      球          手撑俯卧抬  过小河、穿  双手抱膝仰  传递乐、胯  仰卧拱桥    石头剪刀布、
                                    头          越封锁线、  卧低头      下传球、滚            小手拍拍
体育游戏：  体育游戏：  体育游戏：              拉力绳                  球
潜水员、马  转风车、气  跳绳、障碍  动态拉伸：              动态拉伸：  家园共育：  动态拉伸：  家园共育：
术表演      球、放风筝  运动        躯干左右转  家园共育：  躯干前后摆  钻山洞、    抱头垫上前  踢毽子、
                                    动          广播操注意  动          黄豆、小手、后移动      卧起坐
家园共育：  家园共育：  家园共育：              节奏，力量              小脚
袋鼠跳、跳  跳绳、跳    障碍运动
格子、运球  比赛
```

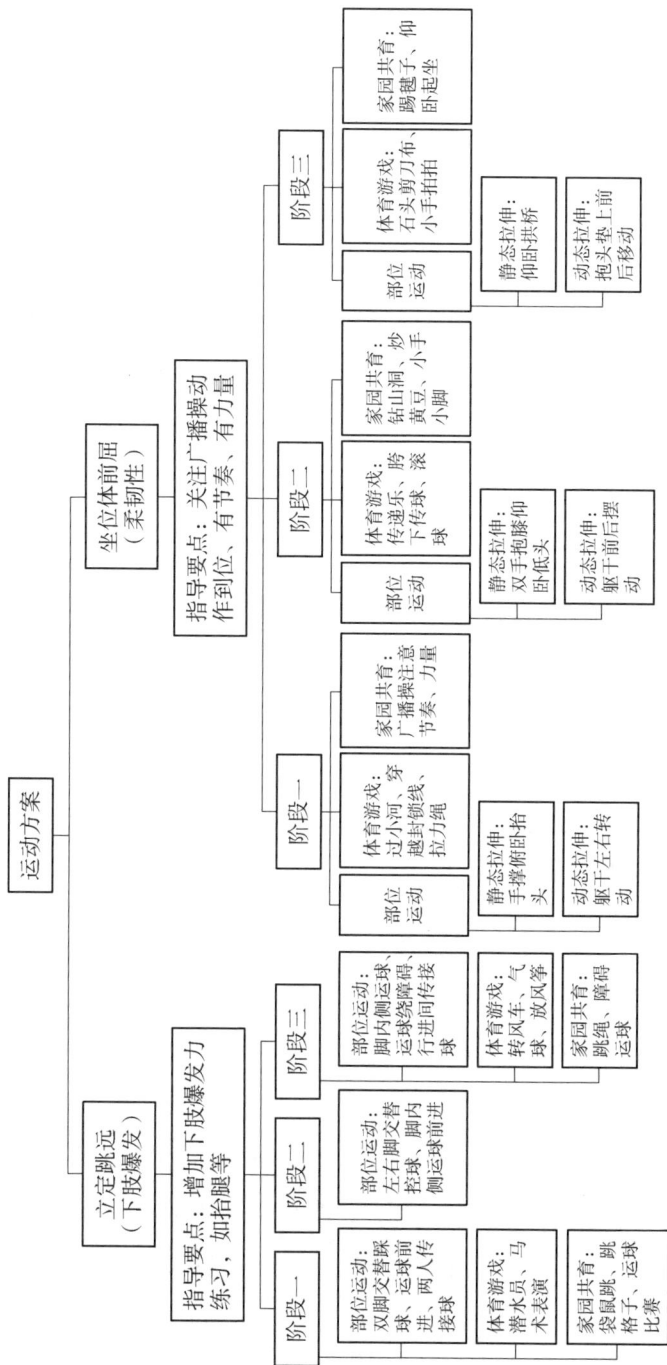

图 2 - 23　幼儿健康运动个别化教育计划

性化运动方案图例。

三、"我的运动课程"的实施成效

经过多年的研究探索和课程实践中,"我的运动课程"取得了一定成效。

第一,幼儿整体运动能力提高。实践表明,幼儿能够按照自己的运动发展的水平参与各项运动项目,在科学和专业的指导下活动运动能力的全面发展。基于实证的差异化的运动课程实施,不仅切实提高全体幼儿运动能力、增强幼儿体质,而且重点提高体质偏弱、运动能力不强的个别幼儿的身体素质,为幼儿一生健康发展奠定基础。

第二,实现"我的运动课程"的园本化与迭代。"我的运动课程"的不断优化与完善,是我园将共同性课程根据我园幼儿发展需求进行园本化的过程,也是幼儿园践行"以幼儿发展为本"理念的过程。"我的运动课程"是"让每一个生命绽放精彩"办园理念落地的成果,是"唱响自己,个性成长"课程理念具体化、操作化的成果。以幼儿发展为出发点和目标的运动课程架构体现了教师教育理念的转变,也为新教师更好理解幼儿园运动课程的理念、内容、框架等提供可操作性的指引,以机制的方式确保幼儿园课程的延续性和科学性,确保保教质量。

第三,提升教师在运动领域的课程领导力。基于实证数据的运动课程差异化实施,挑战的是教师惯性的"教"的思维,释放的是教师的专业自主权。教师改变以往以教参参考开展运动活动的教育方式,取而代之的是,教师要依据班级幼儿实际运动发展水平和课程要求,实施差异化的教育支持,切实面向每一个孩子的发展需求,支持每一个孩子的发展与提升,实现面向每一个孩子的高质量教育。教师不再仅仅是被动的课程执行者,更是主动的课程思想者、设计者和评价者,教师的课程领导力在"我的运动课程"中得到提升。

第六节　幼儿是游戏的主人

　　游戏活动是一种基于幼儿内在需求的自发、自由的具有愉悦性的活动。幼儿天生会游戏。幼儿享有自主游戏的权利,让幼儿享受游戏的快乐、成为游戏的主人已成为我园全体教师的共识。在"我的课程"理念引领下,尊重幼儿的游戏天性,赋予幼儿游戏自主权,我园扎实推进室内外游戏实施与支持的实践研究,有效改变教师的游戏理念及支持策略,如尊重幼儿,无条件接纳(触及道德底线除外)孩子的游戏想法,给幼儿充足的时间探索与游戏;让幼儿成为游戏的主人,鼓励幼儿自主选择游戏内容、角色、玩伴、场地、材料等,并自主决定游戏的情节和进程。同时,在尊重悦纳的前提下,重视对幼儿游戏行为的观察与解读,在适当时机给予支持;给幼儿表达游戏经历的机会,鼓励幼儿多元的表现方式;抓住游戏中的关键事件,促进幼儿社会情感、认知、动作和语言的发展等。我们重点开展了以下的实践探索。

一、户外游戏:满足幼儿在大自然中自由探索的需求

　　2010年开始,我园在区内领先开始尝试幼儿户外游戏的研究,根据我园户外场地特有的资源:山坡、各种树林等,我们合理规划了户外环境,并针对不同的游戏区域合理地进行了材料的投放,如山坡上的小布屋、有趣的滑道、布满树桩的山坡、拥有户外厨具的草坪、随处可创意的涂鸦墙、大型的户外建构等,一系列的环境创设和材料投放,使我园户外游戏场地更具自然性、开放性和野趣。这几年,我们不断优化户外场地资源充分利用自然资源的特性,让幼儿与自然物(树木、花朵、昆虫、草地等)尽情互动,满足幼儿户外游戏的需求。

图 2 - 24　拥有户外厨具的草坪

图 2 - 25　山坡上的小布屋

图 2 - 26　有趣的滑道

图 2 - 27　种植园地

图 2 - 28　随处可创意的涂鸦墙

图 2 - 29　户外帐篷

图 2 - 30　大型的户外建构

二、幼儿是游戏的主人：满足幼儿自主发展与社会建构的需求

让幼儿成为游戏的主人已成为了全体教师的共识。如何有效让幼儿自主选择游戏内容、场地、角色、把控游戏进程一直是我们不断思考的话题。

1. "MY 场地"——我的场地我来建

幼儿有创设环境的自主权,让幼儿参与到游戏场地资源的开发和创设,发挥幼儿的主体性,使其在开放、自主、留白的环境中建构丰富经验。不管是室内还是户外,儿童都是构建环境的主人。

在户外,我们鼓励幼儿根据兴趣选择场地、根据游戏需要选择场地或者根据自然场地的特点进行想象游戏,所有符合孩子游戏需要的环境创设都将得到支持。户外场地有其特有的开放性和创造力,我们打破人为的游戏分类,给儿童充分的自主,满足儿童娱乐的需求,创造与想象的需求,尽情地、本能地玩。比如孩子们选择在滑滑梯上开"野战医院",在沙池里玩"跳水"游戏,在树林里玩"丛林探险""救援""鬼屋"游戏等,在菜园里玩"野营游戏""菜农"游戏等。

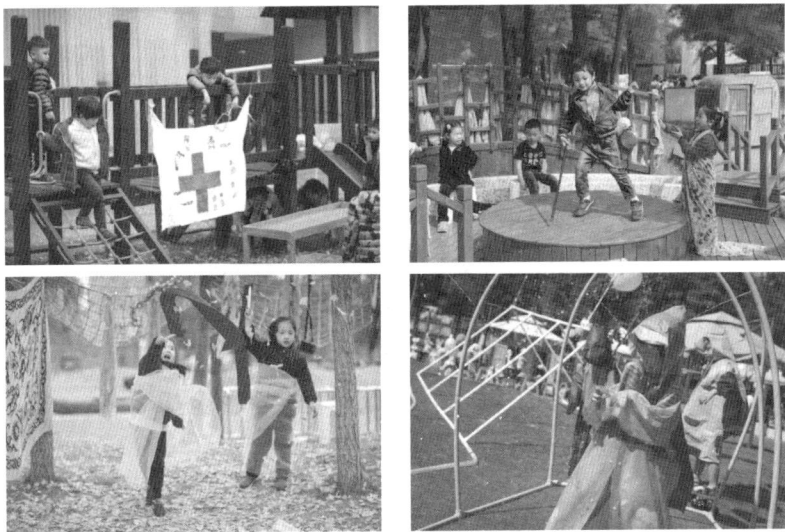

图 2‑31　户外游戏场地

2."MY 材料"——我的材料我来选

材料在游戏中有着非常重要的作用,我园重视材料对儿童游戏的研究,游戏材料从教师提供走向"我的材料我来选",并确立了材料选择和投放的原则:自然性、低结构、多元性、动态调整。通过研究,我们发现可移动游戏车和游戏袋可以给予儿童更多材料选择与使用自主权。从游戏车到游戏袋,满足幼儿在游戏进程中自主收集材料、自主运用材料的需求。

游戏车:游戏车有两种,一种是摆放游戏基本材料的共性材料车,该游戏车同时用于幼儿户外和室内游戏的基本材料,车上有若干整理箱,按照类别分别放置了一些高结构的仿真材料,以及师生共同收集整理的低结构材料。另一种是个性游戏材料车,小班幼儿使用比较多,是满足个体或小组游戏材料收集和存放的个性化材料车。因为在小班的教室内固定主题的娃娃家、小医院等主题材料较多,游戏车的投放,满足了小班幼儿生成主题材料的使用和存放。比如小班幼儿的藏宝游戏,来源于材料车中的低结构材料,又回归到材料车中,下次游戏幼儿很方便地打开游戏车就可以开始进行了。小班的幼儿已开始尝试在材料箱上做上自己游戏主题的标记。

图 2‑32　共性材料车

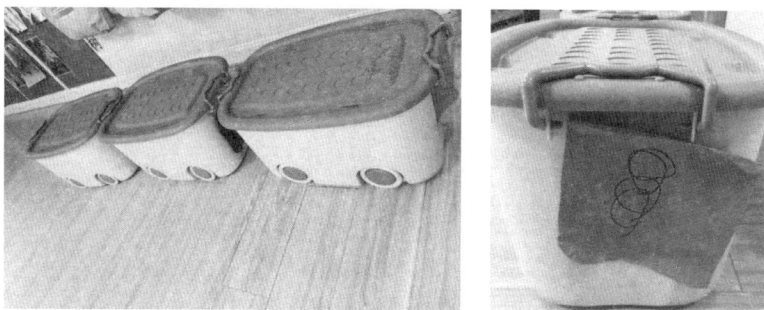
图 2‑33　小班幼儿的个性材料车

游戏袋是指幼儿个体或小组进行角色游戏时所需要的玩具和物品的集合。在使用的过程中幼儿将生活经验、常识、组合成特定的游戏情节,自主计划、自己创设,满足幼儿个性化游戏的需求,实现了我的材料我计划,我的游戏我做主。

角色游戏袋更关注幼儿的自主创设、自己计划、个性化游戏需求,完全是幼儿个人的材料资源库。幼儿游戏袋中材料的种类、数量都是幼儿根据自己的游戏需要自主选择、自己创设,在创设的过程中幼儿要将生活经验、常识、组合成特定的游戏情节,并提前预想游戏过程中可能出现的困难,预先制定解决困难的策略,再组合、创想完成游戏袋内的材料。研究发现,类似游戏袋的环境材料能够更好发挥环境的教育功能,支持幼儿积极参与其中,发挥幼儿主体性,实现幼儿的发展。角色游戏袋服务于幼儿的游戏需求,帮助幼儿实现自己的游戏设想,从而满足幼儿的个性化发展需求。

图 2-34　幼儿游戏袋

3. "MY 游戏"——我的游戏我做主

在游戏过程中,幼儿自己把控游戏进程,游戏中"玩什么"、"怎么玩"、"玩多久"都由儿童自己决定和掌控。在游戏过程中,教师观察孩子的需要,了解儿童的生活经验。因为游戏是儿童对现实生活的再现,儿童只有具备了某种经验,才可能在游戏中表现出来,成功的体验来源于经验的获取,生活经验越丰富,幼儿游戏的情节就越丰富,在游戏中的主动性、创造性也就越大,因此我们重视幼儿丰富的生活经验的积累。同时,我们的教师善于从儿童视角理解儿童的游戏,他们乐于观察儿童在玩什么? 怎么玩? 从幼儿行为理解游戏,从游戏理解幼儿的学习与发展,支持儿童的发展,满足儿童"快乐玩,有效学"!

案例: 翻转吧,三角体!

游戏中孩子们想尝试用积木设置多米诺机关,他们想让小球滚到三角体上,实现三角体的翻转机关,然而总是失败。孩子们不理解惯性与阻力、坡度与速度之间的关系。于是教师便在班级探索区设置了"小车爬坡"的小实验,让孩子们在探索中发现其中的奥妙,从而寻找三角体不翻转的原因,让游戏更精彩。

图2-35 多米诺"三角体翻转"机关

图2-36 "小车爬坡"实验

4."MY 故事"——我的故事我来说

让幼儿记录游戏中发生的有趣故事既满足幼儿游戏分享的愿望,又为教师解读幼儿需求提供依据。

在幼儿交流分享时,我们常常发现受到时间限制、发言人数有限等因素的影响,并不能满足所有幼儿想要表达的愿望。为此,我们将游戏分享从固定时间走向"我的故事我来说",儿童有"一百种语言"。游戏中支持儿童通过绘画、表演、讲述等语言和非语言的方式记录自己的游戏故事,满足幼儿自主选择时空、人员进行自主表达与表现,实现了交流与分享在"延续幼儿游戏快乐""幼儿更自主地表达与表现""了解幼儿的所思所想"等方面的价值。

同时,老师通过分析与解读,了解孩子的游戏内容、游戏进展如何、发生了什么问题或矛盾、各游戏区域之间孩子有何互动,读懂与理解孩子,实现交流与分享活动的功能拓展,让教师进一步了解幼儿的游戏需求,推动孩子的发展。

　　游戏故事除了可以了解该孩子的游戏情况,还能发现很多其他方面的发展特质,如孩子的表达习惯与特点、与同伴的交往方式、建构水平或材料替代水平等。这些信息可以帮助教师更加了解孩子的发展特点,为孩子发展评价收集更多的信息与证据。

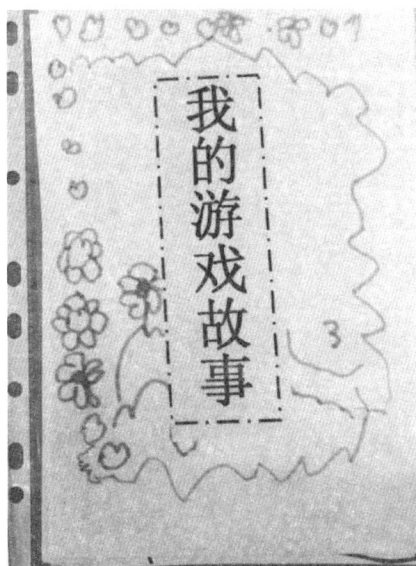

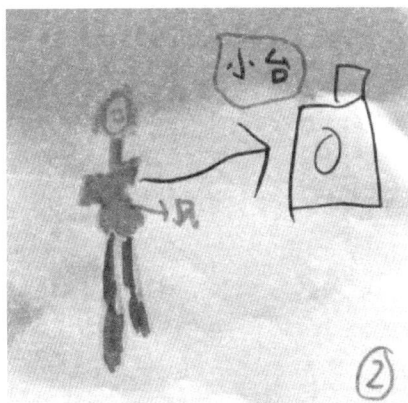

图 2-37 幼儿的游戏故事

三、教师是游戏的支持者：满足幼儿个性化发展的需求

研究发现，放手让幼儿游戏很重要，但思考如何根据幼儿的需求发挥教师的支持作用同样重要。但这一作用的发挥并不简单，它需要教师具备观察解读幼儿需求和把握幼儿年龄特点、发展特征、社会性情绪和创设环境等方面的综合素质。为此，我们开展了教师观察技巧的研究，教师习得了多种观察记录的方式，如书面记录法，包括结构化记录、非结构化记录、个案记录、行为检核法等。教师利用工具观察记录幼儿正在做什么、倾听他们说的什么以及欣赏他们从中收获了什么。

幼儿在游戏中的经验、认知正是源于生活中的积累，而游戏中所表现出来的学习与发展兴趣和需求，同样也需要教师有一双敏锐的眼睛去观察和发现，同时也需要在一日生活的其他课程进行支持和推进，通过其他课程再反哺游戏，从而满足幼儿需求，推动幼儿发展。我们依托"游戏故事"深入开展了幼儿游戏行为的分析和解读的研究。结合幼儿的年龄特点和五大领域学习与发展目标，研究如何通过环境、材料、课程等方面支持幼儿的游戏。我们形成了我的游戏实施样式（见下图），梳理游戏中四大支持策略：观察与倾听、等待、间接支持、直接支持，探索从游戏链接一日活动的其他课程。

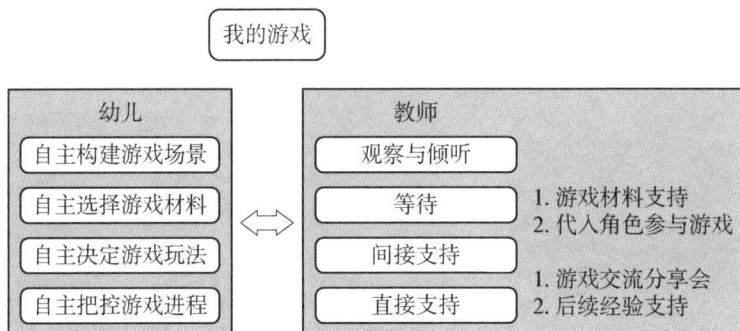

图 2-38 "我的游戏"实施样式

让孩子成为游戏的主人,在游戏中关注每个孩子的需求,努力助推每个儿童的发展。关于幼儿游戏的研究,我们一直在探索:从关注幼儿的社会性和创造性发展,逐步转向作为独特生命个体的幼儿如何实现全面、持续性发展。

第 三 章

我的师培道：抓住教师这个最活跃的要素

从"看得见每一个孩子"到"让每一个孩子活起来"，再到"让每一个孩子有获得感"，这些都离不开教师的专业支撑。教师是教育最活跃的要素，指向每一个孩子的教育需要这个最活跃的要素强劲而有力。为幼儿发展赋能，让教师逐步摆脱基于经验的教，让教更有针对性地服务学，这是教师管理的核心。

第一节 强化规范培训,加快新教师专业成长

自我园确立为市见习教师规范化培训基地以来,紧紧围绕《上海市中小学(幼儿园)见习教师规范化培训实施方案(试行)》的目标要求,认真实施各项基地培训任务,并以《嘉定区教师专业发展学校暨见习教师规范化培训基地标准(试行)》来衡量、评判工作成果,切实提升教师规范化培训基地的建设成效。

一、建立保障机制,完善实施框架

(一) 加强组织管理

为了确保基地培训任务的有效落实,我园成立了园长、书记为组长、教学副园长和保教主任为副组长、骨干教师和高级教师为组员的见习教师规范化培训领导小组。加强组织管理,明确人员职责,落实工作任务。建立完善相应的见习教师规范化培训制度,以制度落实来推动见习教师规范化培训工作的有序有效开展。

(二) 实施分层推进

由园长组织培训领导小组人员认真学习和解读市规范化培训实施方案和培训基地建设标准,认真制定见习教师规范化培训分层实施的工作方案、师徒带教和跟教计划、见习教师社团计划,力求点面结合,全面推进,提高培训效度。

1. 实施方案

重点围绕市培训方案的"职业感悟与师德修养、课堂经历与教学实践、班级工作与

育德体验、教学研究与专业发展"四方面的内容要点,进一步明确各层面培训工作的目标和措施。实施方案对培训内容、方式和达成标识都明确了具体要求,实施步骤力求可操作、可检测、可评价、可实现。对指导培训和参加培训人员进一步明确职责,并就双方的权利和义务设立量化指标,使整体培训工作做到有章可循、有据可依。

2. 带教和跟教计划

根据见习教师的培训需求,明确师徒之间的重点培训内容。首先对每个见习教师的岗位性质、执教年龄段的差异性、课程领域特点及自身能力等进行调研,依据见习教师的不同培训需求,制定有针对性的带教和跟教计划,并在领导小组的指导下,双方共同确立一个培训专题内容。计划要求见习教师在带教导师的指导下,围绕专题培训内容加强自身实践探究,注重培训反思,切实提高专业技能水平。

3. 见习教师社团计划

我园成立了以骨干教师领衔,以专题研究为重点的见习教师社团,明确了社团建设的目标任务,制定了具体的培训计划,要求社团人员注重理论联系实际,开展系统性的专题培训活动,力求培训效果看得见、摸得着。

二、扎实推进培训,注重培训效度

(一) 做实师徒带教

1. 徒弟观摩师傅,强调经验汲取

基地大多数指导教师在教育教学过程中积累了许多好策略、好经验。为此,要求指导老师在带教过程中注重传授和辐射,要求见习教师在跟教的过程中善于汲取师傅的好方法、好经验,善于自我梳理和总结,并在实际教育教学过程中加以有效运用。在培训的第一阶段,我们以观摩指导教师的半日活动为主,要求见习期教师强化对观摩过程的思考和提炼,以获取第一手的感性经验,为改进自身的教学行为提供支撑。

2. 师傅观摩徒弟,注重实践指导

从理念的认识到行为的转变,是一次大步跨越。基于此,第二阶段我们将培训的侧重点逐渐转向实践指导,要求指导教师更多地走进见习期教师的执教班级,或者是安排见习教师来我园借助师傅班级进行实践。由师傅对其教学过程进行现场指导。在观摩实践的过程中,指导和帮助见习教师主动发现问题,积极寻找对策。与此同时,要求师傅手把手地指导见习教师的一日活动组织实施,提高见习教师的组织管理能力。

3. 开展问题互动,厘清教学困惑

见习期教师在独立工作中往往会遇到各种各样的困惑或难题。对此,在每周见习教师来园学习时,我们鼓励见习教师把自己教学过程中遇到的困难和问题摆出来,主动与指导教师进行互动交流,通过问题互动和思想碰撞,厘清见习教师的教学困惑,共同商讨解决问题的策略。由于每位指导教师一般都带教一至两位见习期教师,因此在问题互动中,提倡两位见习期教师围绕着同一个问题,探讨值得争议的问题,表述不同的见解,让他们通过思维碰撞、沟通交流,实现各自经验上的互补。

(二) 做强社团引领

1. 组建社团,实行团队共进

建立见习教师规范化培训基地以来,由园领导牵头成立了见习教师社团,将此作为见习教师的成长载体,由我园区级、园级骨干教师负责带教工作,努力实现团队共进的目标。第一学期培训重点:师德修养建设、幼儿园一日活动各环节的有效组织与实施,开展二周一次的理论与实际相结合的培训活动;第二学期培训重点:"生活课程和运动课程"的组织实施,开展二周一次的学习和实践活动。经实践,见习教师社团活动促使见习教师在专业理论、教育教学技能、班级管理等诸方面提高了能力水平,课程实施质量得到明显改善。

带着问题来,带着思考来,这是我们对见习教师参与培训研讨的要求。一是实践研讨,让见习教师学会如何实践和总结;二是网络研讨,旨在提高见习教师的独立思考、反思改进的能力。通过多种途径和形式的研讨,使见习教师不断熟悉和了解幼儿园教育教学的各类活动要求和组织实施策略。在我园组织的各类学习培训中,见习教师们都能积极参与互动研讨,主动进行交流沟通,形成了良好的培训氛围,拓宽了见习教师自我发展的空间。

2. 分步实施,加强专业培训

见习期教师刚踏上工作岗位,缺乏必要的工作经验,对于班级常规的建立、教学策略的运用、师幼关系的处理、家园合作互动等工作往往处于茫茫然然的状态。为此,见习教师社团的主要任务是帮助新教师全面了解班主任工作内容及特点,以快速"胜任常规工作"为重点,分步开展以下一些工作:

一是解读幼儿园一日生活各环节的教师操作要点;二是就"如何开展家长工作"组织学习培训活动;三是学习《上海市学前教育课程指南》中的年龄特征(每位新教师执教的幼儿年龄特征)、阶段目标、教育策略;四是开展见习教师四大课程研讨活动。以运动、生活、游戏、学习四大课程内容为基点,指导和帮助见习教师增强课程意识。鼓励见习教师各自承担一个实践活动,每次活动采用观摩研讨等形式,提升见习教师对课程内容的价值把握和对教学现场调控的理解,引导她们善于观察幼儿、解读幼儿,形成适切的教学策略;五是欣赏和感受主题环境布置,提高见习教师对环境教育功能的认识,增强环境创设意识,培养环境管理能力。

(三) 做优专家引领

为了进一步提升见习教师的专业能力,在基地培训工作领导小组的牵头下,邀请各级层面的专家为见习指导教师、见习教师进行多角度的专题培训,收到良好的效果。主要开展了以下培训活动:一是为见习教师规范化培训基地的指导教师做了《今天我们如何做指导教师》的专题讲座,提升带教师傅的责任感和指导能力;二是为见习期教师开展游戏课程的专题培训,提升见习教师解读幼儿的能力;三是给见习教师开展"如何给孩子讲故事"专题培训,提高见习教师的教学能力;四是开设了"在批判教育视野下幼儿阅读讨论活动"的专题讲座;五是作了"幼儿早期阅读习惯和能力培养"系统讲座;六是请园内骨干老师为见习期教师开设生活、运动、游戏、学习活动的专题讲座,不断提升见习教师的专业能力。

（四）做细过程评价

为了确保评价工作对于见习教师实践成长的促进作用,我们开展了课程实施的指导性评价工作。在加强日常调研的基础上,组织实施每日网络反馈和每周课程反馈,及时对见习教师进行过程性的反馈与评价,让见习教师获得不同层面的指导。

1. 每日网络反馈

我园利用校园网将行政每日巡视情况进行网络反馈,让见习教师每天都能及时了解课程实施各个方面的优点和问题,并要求他们通过自我学习、自我反思,及时调整教育教学行为,优化课程实施质量。

2. 每周书面反馈

由各条线负责人将每周课程实施计划的落实情况进行全面反馈,周一上午将教学课程实施的反馈表张贴于教师便于查阅的办公区域和宣传栏内。为使反馈更具针对性,结合见习教师的专业特点和实际需求进行细致、详细的反馈,要求每位见习教师及时关注反馈信息,并针对反馈情况做好自我调整和改进,切实提高课程实施能力。

3. 半日活动调研

在见习教师参加学习培训的过程中,园领导、年级组长、带教师傅以专题调研的形式,定期走进见习教师执教班级,观察和指导见习教师半日活动的组织实施情况,落实相应的评价措施,做好个别反馈和书面的调研反馈。

（五）做亮交流展示

为进一步拓宽见习教师的教学视野,每个学期开展不少于二次的见习教师亮相课、技能大赛等活动,以交流、展示的形式,检验见习教师专业能力的发展情况。在交流展示活动中,见习教师们精心准备,认真应对,将平时培训学习过程中所习得的专业技能作公开亮相,使自身的教学基本功得到进一步的锤炼和提高。

三、总结经验，关注成效

我园见习教师规范化培训工作整体情况，凸显了以下亮点：

1. 分阶段有侧重点的学习和指导工作得到有效推进

从以观摩为主逐步过渡到以实践为主，帮助见习期教师从了解到运用，小步递进地积累了各课程领域的教学经验。

2. 形成不同层面的研究团队

比如师傅带教的小团队和骨干教师引领下的大社团等，通过不同层面的团队培训活动，解决了诸多共性和个性问题，使培训学习在较大程度上满足了见习期教师的专业发展需求。

3. 教学基本功得到持续提高

通过为见习教师搭建了不同形式的专业技能展示平台，使见习教师能将平时在学习培训过程中的习得内容及时转化为自己的实践感悟，并内化为教育教学的实际行为，教学基本功得到持续提高。

四、主要问题和困惑

1. 培训量问题

每位见习教师在幼儿园都承担着班主任的工作，因此，一周 50% 的培训时间不能得到很好保证，在一定程度上还满足不了见习教师的专业发展需求。

2. 供需问题

很多见习教师被安排带小班，基地园的带教教师无法满足同年龄段带教的需要，导致不少见习教师在带班过程中的有些问题无法在跟教中解决，而依靠口头指导的方式，针对性、实效性相对偏弱。

我园作为市见习教师规范化培训基地，将在后续的基地培训工作中进一步总结经验,直面问题,协调解决各种困难和问题,更好的发挥基地的指导和引领作用。

第二节　以项目为抓手,提升骨干教师课程领导力

项目化学习的内核价值在于儿童在真实问题情景中的深度探究,最终让儿童的深度学习情景发生。深度学习追求的不是知识上的高深,而是儿童学习思维的深度参与。对于学前儿童,思维的深度参与指向了真实问题的解决、有效的知识迁移,最终实现经验的主动建构。深度探究则是深度学习发生的重要载体。在实践中我们发现,深度探究的发生需要具有三个"持续":持续的探究热情的保持、持续的学习经验的积累以及持续的支持策略的调整。归根结底,教师的设计能力成为关键中的关键。

一、厘清项目化学习现状,梳理提炼应对举措

随着项目化学习的不断深入推进,教师面临的挑战也越来越大,就我们幼儿园而言,概括起来存在三大困境。第一,教师难以把握驱动性问题和驱动性任务的设计,即如何能够让儿童的探究热情持续,又能够让儿童的思维得到深度参与;第二,教师对儿童认知风格和认知水平的解读相对比较薄弱。基于我园 MY 课程的持续研究,教师对幼儿生活、运动和游戏方面的解读能力有了显著提升,但认知水平和经验的解读仍然是教师绕不过去的梗;第三,在项目化推进过程中,教师的引导相对还显被动和滞后,有点儿"跟不上孩子"主动探索发展的步子。

针对教师的困境,项目研究小组经过全面调研、深入反思、查阅文献、咨询专家等系列研究活动,发现这个问题与教师专业知识的缺位密切关联。教师的专业知识包括教学目标的解读,内容的选择,儿童学习与发展特点和规律的掌握,教学方法的应用,时间与空间的安排,以及社会性知识等,涵盖了关于教育教学的方方面面。深度探究

过程中,教师的引导与支持是"学"与"教"双主体之间的互动过程。在这过程中,教师需要面对复杂、密集的信息进行加工和优化,即根据儿童所反馈出来的学习信息不断做出正确的教育决策。可见,教师的专业知识是持续推进幼儿项目化学习的核心基础。

教师专业知识不仅是通过接受性学习获得,而更重要的是教师个体与教育情境互动中产生的经验积累和升华。同时,经验又影响着教师学科教学知识的自主建构。这个过程中处于核心的是教师个体自身的主动思考。为此,我们通过园内外培训为教师们提供项目化学习的理论知识、成功经验以及经典案例等。同时,通过各类大小教研活动帮助教师解决实践中的一个个问题,如关于驱动性问题的确立;如何创设真实情境;如何培育儿童建立联系的能力;项目化学习成果的设计;项目化学习中资源的运用;项目化学习中教师支持策略的提炼等。在此基础上,我园核心组自主研发了能引导教师进行合理思考和反思的工具表(见表3-2),旨在引导教师在项目化学习实施过程中做好每一步的设计和思考,全面提升教师的项目化学习效应。

工具表功能解析:工具表共分五个部分,第一部分是项目化学习的背景分析。引导教师开展三个方面的分析,一是对儿童内部需要的分析,二是对项目价值分析(儿童外部需要的分析),三是对驱动性问题分析。通过背景的分析引导教师对项目化学习的内容进行正确的价值判断。第二部分是引导教师在深入分析的基础上确定项目化学习的目标。第三部分为项目化学习的任务分析以及幼儿的经验准备,包括三点分析:儿童经验的分析、对任务难易程度的分析、教师为幼儿完成任务搭建支架的分析。第四部分为项目化学习过程中的差异化设计。重点要求教师思考如何为不同发展水平幼儿提供支架等问题。第五部分为幼儿学习时间和空间的安排。该内容非常重要。之前项目化学习更多安排于集体、个别化学习区域活动中,其实孩子的深度学习更多需要教师灵活设计活动的组织方式(集体、小组、个别),并融于一日活动中。

无疑,工具表给了教师课程设计、课程实施、课程评价一根拐杖,让教师在实施项目化学习过程中有扶持,有支撑,时时提醒教师这样做可以了吗?这样做有效吗?我还可以怎样做得更好?不断提示教师与自己的教学实践进行对话,并引发深度思考,在对话和反思过程中提升教师的课程设计力、课程领导力。

二、关注情境性任务设计,推进深度探究性学习

原本教师在实施主题的过程中,根据教材的内容按部就班地开展活动,现在教师能够根据儿童学习与发展需要,创设源自于生活的、真实的问题情境,拟定解决问题的任务与策略,让孩子在学习过程中实现深度的探究性学习。

例如,《停车场》案例是儿童在日常生活中遇到的"停车难"问题引发的。孩子对停车场产生探究的兴趣。如何将孩子的兴趣点转化为儿童的深度学习的探究点,需要教师完善设计过程。通过实践研究,老师们认识到,当问题情境出现了以后,问题解决的驱动性任务一般指向儿童高阶思维的应用,但高阶思维的运用需要通过一系列低阶思维活动,帮助儿童积累经验,开启高阶思维的活动。

在停车场案例中,我们可以看出:教师一开始设计的是启动儿童低阶思维的活动,如停车场里有什么? 你们在停车场里遇到什么问题? 怎样的停车场才能解决这些问题? 在此基础上设计启动儿童高阶思维的驱动性问题,如怎样的停车场才能停更多的车子并不需要绕来绕去拿车? 驱动性任务是建造立体停车场。从中可以看出,问题与任务都不是一蹴而就的,需经过教师的精心设计、抽丝剥茧、层层深入,把儿童的思维导向深入。

停车场里有什么?(晨谈)

你们在停车场里遇到什么问题?(亲子采访或实地考察)

怎样的停车场才能解决这些问题?(集体讨论)

驱动性问题:

怎样的停车场既能够停更多的车子,还不需要绕来绕去拿车?

哪种停车场更方便? 立体停车场还是平面停车场?(班级辩论会)

驱动性任务:

建造立体停车场

三、基于幼儿经验水平,强调观察支持环节

如最近大班开展了"我们的城市"主题活动,孩子们参观州桥老街后,发现州桥老街的河水不干净、州桥老街的布局不够理想等问题。于是孩子们提出了要改造州桥老街的想法,并组成了四个项目研究小组,其中有一组是"河道清理组",任务是如何清理州桥老街的污浊河水。只见孩子们准备设计一个清理河道的过滤器,此时孩子们的想法可谓天马行空,但如果没有教师的有效支持,孩子很多富有创意的点子不一定能实现,孩子的创造性火花就会熄灭。面对此情此景,胡晓萍老师发现完成这个任务的要求与幼儿已有经验有明显的距离,但觉得需要为孩子搭建一个成功支架,促使孩子的探究过程持续下去。胡老师想到了孩子们经常玩沙水游戏的原理,鼓励孩子想办法把一盆沙水混合的污水变成清水。为此,孩子们共同商议,设计了很多办法,终于把玩沙水游戏的经验迁移到州桥老街河水过滤器的制作上。虽然结果不尽人意,但孩子们的大胆创想收获了参与项目化学习的快乐。

又如《停车场》案例,孩子们在建构立体停车场运送汽车的升降装置时,可谓一波三折。第一折,升降装置的转轴用什么做?怎么安装?第二折,安装一个吊篮,塔柱不稳,会倒下,怎么办?第三折,安装了两个吊篮后,一拉绳子,两个吊篮要么同时上升,要么同时下降。怎样才能够一拉绳子,一边上另一边下,让存车和取车同时发生?教师在活动中仔细观察、分析孩子在探究过程中碰到的问题,在基于分析的基础上给予适切的支持和指导,推动了儿童深度的探究学习。

表 3-1 儿童需求与教师支持

儿童的需求	教师支持
问题一:转轴的选择与安装	和幼儿讨论,去采访幼儿园的事务员叔叔,因为经常看到他在幼儿园做修理工作。事务员叔叔告诉了他们选择的零件以及安装的方法。

儿童的需求	教师支持
问题二：只有一个吊篮不平衡	教师在停车场构建区域投放了一个天平。
问题三：左右两边的吊篮上、下运动	午间散步时幼儿带领儿童观察升旗杆，和幼儿一起研究后发现，旗杆的两根绳子缠绕的方向不一样。

四、优化项目化学习途径，让幼儿习得知识能力

在设计工具的不断提醒下，教师逐渐突破固有课程实施的时间和空间，有序转换园内外学习空间，充分利用一日活动的时间与儿童进行持续、深入的互动探究。如"我喜欢的餐厅"和"小乌龟、有趣的洋葱"等案例中的驱动性问题是教师利用"晨会"时间与孩子"聊"出来的；停车场案例关于研究吊篮不同方向升降是教师在中午散步的时候与孩子共同提出的。为了保证儿童获得足够的探究时间，教师巧妙利用 Free60 的时间、专用活动室时间和个别化区域活动时间，保证儿童探究的持续过程不被打断。如"我喜欢的餐厅"项目实施时，每周一来园时间由教师组织孩子开展"好朋友餐桌"活动，让孩子确定一周和谁坐一起吃饭，利用自由活动时间和好朋友一起设计"我喜欢的餐桌的计划书"并和好朋友交流计划书，利用区域活动、自由活动等时间和好朋友一起设计制作"我喜欢的餐厅"，有海洋餐厅，有花园餐厅，有说说悄悄话的温馨小包间等，项目化学习的形式、内容可谓包罗万象。因此，有效利用一日活动的不同时间和空间也成为提高教师课程领导力的举措之一。

随着项目化学习的不断深入，优化了教师的课程观、教育观和儿童观，项目化学习的理念逐渐渗透于幼儿园的各类活动中。比如孩子在美工区表现"火烈鸟"项目化学习，之前教师更多关注的是艺术方面的目标任务，但现今的老师更加关注的是孩子在美工区中学习能力和学习品质的发展。让孩子在美工区对火烈鸟的生存环境和外形特征进行调研研究，让孩子在实践探究中主动发现问题、提出问题，在解决过程中习得相关的经验和能力。当孩子在制作"火烈鸟"时，老师又能引导孩子去思考什么材料是最合适的，

让孩子在真实的问题情景中积极探究,获得经验,习得知识与能力。

幼儿是探究和学习的主体,教师是引导幼儿学习的主体。我们采纳的教育观是主体间性的互师教育观,即教师与幼儿互为老师。期盼在推动幼儿深度探究的同时,让教师也经历一场以生命成长为价值取向的自我成长,印证了我园"MY课程"的理念特征:让每一个生命绽放精彩!

表3-2 幼儿项目化学习设计工具

一、项目化学习的背景分析(对项目化学习内容的价值分析)
(一)幼儿需求分析 1. 该项目化学习源自幼儿、教师还是某项活动? 2. 该项目化学习可能满足幼儿的哪些需求? **(二)项目价值分析** 1. 该项目学习可能帮助幼儿建构哪些核心经验? 2. 该项目学习与当下主题活动的开展契合吗? 3. 即使与基础课程的实施不能融合,但仍然有开展的价值,其价值是什么? **(二)驱动性问题分析** 1. 该项目化学习的驱动性问题指向了幼儿哪些高阶思维的发展? 2. 在该驱动性问题下,有哪些低阶思维水平的问题可以帮助幼儿准备完成高阶思维的任务? (采集事实性知识与信息,解决高阶思维问题) 如:停车场里有什么? 怎样的停车场可以停更多的车还能够方便取车?(关注儿童对两个问题的思维指向)
二、项目化学习的目标 1. 通过项目化学习,幼儿可能达到的学习目标有哪些? 2. 在每一个目标之下,幼儿可能出现的学习行为是什么?
三、项目化学习的任务分析以及幼儿的经验准备 1. 该任务下,幼儿可能需要准备的学习经验有哪些? 教师自身具备相关的知识经验吗? 如果具备,周边有哪些可利用资源可以获得帮助(如幼儿园的相关人员、家长、社区及相关学科教师、区教育学院学科教研员、区外专家等等)。教师要有海量的信息,只有具备相关的丰厚知识才能有效支持幼儿的学习。 2. 任务的难易程度适宜吗? 如果不可能完成的任务,大大地超出幼儿目前的认知水平,任务本身无法与幼儿的生活产生链接,则不能成为幼儿深度学习的支架。 3. 当任务与幼儿已有经验有一定距离,但仍然在儿童最近发展区时,有哪些活动是幼儿经常接触、同时可以为幼儿完成任务搭建支架的?(如让孩子想办法把一盆沙、水混合的污水变成清水,幼儿平时玩沙时已有相应的经验,从而让孩子思考如何制作污水过滤器,让嘉定州桥老街的河道变干净。)

四、项目化学习过程中的差异化设计

1. 班级中哪些幼儿对该项目学习兴趣特别浓厚？哪些幼儿反应平平？

2. 该项目化学习内容可能为哪些幼儿搭建了展示其优势智能的平台？哪些幼儿相对弱势？

3. 如何根据幼儿的不同智能优势划分学习小组？强强联合还是强弱互补？依据是什么？

4. 如何为不同发展水平幼儿提供支架？（如《停车场》案例中当幼儿不知道该如何制作转轴时，教师可以考虑给幼儿提供现成的滑轮，也许可以让更多的孩子愿意继续主动探索。）

五、幼儿学习时间和空间的安排

基本原则：突破框架，灵活安排

1. 该项目学习开展的过程中幼儿需要的学习空间有哪些(幼儿园、社区、家庭等)？

2. 该项目学习需要哪些学习时间？（包括个别化学习时间，专用活动室时间，集体教学活动时间，生活、运动或游戏的其他板块时间，"Free60"时间，一日活动中的碎片化时间）

第三节　观察工具,让教师看见儿童

在目前幼儿园教育中,"以幼儿发展为本"的理念已然深入人心,幼儿的主体地位日益彰显。广大幼儿园教师正逐步摆脱基于经验的"教",能够根据幼儿的发展步调去设计与调整教学,让"教"更有针对性地满足"学"的需求,使幼儿园课程改革实现"软着陆"。为此,上海市嘉定新城实验幼儿园(以下简称"新城实验幼儿园")一直致力于 MY 课程的开发与研究。课程理念通常需要进行"可视化"实施才能得以实现。MY 课程的实施根据幼儿不同类别的需求分层、分类的差异化实施。为此,我们归纳了 MY 课程实施的基本范式(见图 3-1),应用于基础性课程和选择性课程的实施。

MY 课程实施范式关注幼儿学习的过程,体现了过程性;过程中持续观测幼儿的学习(发展)情况,体现了科学性;根据幼儿的学习(发展)状况,动态调整课程实施,体现了针对性。

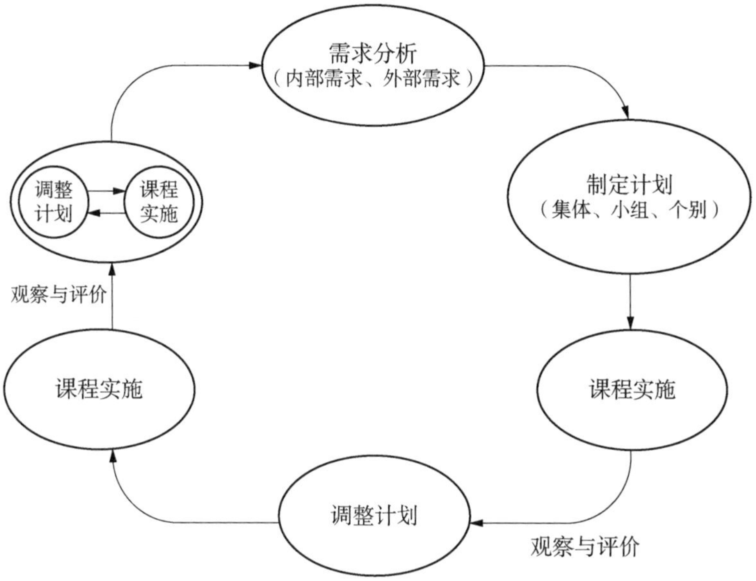

图 3 - 1　MY 课程实施的基本范式

一、观察,实现幼儿园课程改革探索的"软着陆"

让每个幼儿能够得到潜能的最大发展,是 MY 课程的初衷和目标。将目标落地不是一件简单的事情,它要求幼儿园要在实践过程中克服和解决各种困难和难题。随着研究的不断深入,我们逐渐明确了落地目标的关键要素,科学观察和准确分析幼儿便是重要的因素。

然而,在转型的过程中,我们发现观察是教师根据幼儿发展情况自主开发和调控课程中一道迈不过去的"坎"。观察,"观"在前,"察"在后,不是简单地看见,而是基于现象挖掘现象背后的成因,从而精准把控幼儿的发展态势,让"教"更好的地为"学"服务。对于教师而言,"观"相对简单,困难的是"察",主要存在三大问题:第一,在教育现场缺乏可依托的观察工具来引导教师进行观察,导致教师在观察中搜集到的幼儿信息,要么宽泛、不聚焦,要么信息完全偏离;第二,即使搜集了幼儿相对准确的外显行为,但教师习惯性凭借经验作出单一判断或结论,没有从教师、同伴和家庭等各要素分析,得出相对客观、全面的判断;第三,教师的分析缺乏科学的理论依据,大部分是因为教师具有大量的实践经验,而缺少儿童发展心理学、教育学、儿童学习理论等方面的专业知识。观察的根本目的是为教学决策提供依据。教师的"教学"与医生开药方的原理相似。医生为病人进行的一系列检查便类似教师对幼儿的观察,没有检查结果,医生难以对症下药;没有观察,教师同样难以为幼儿订制教学方案。可见,观察在教学中发挥了奠基性作用。在幼儿学习与发展的过程中,观察贯穿始终,既有起点和终点的观察,还有过程中的观察。

二、观察工具,让观察不再纸上谈兵

新城实验幼儿园一方面成立课程研发团队,持续开发观察工具,引导教师去观察,并在教学现场检验工具的科学性、可操作性和可复制性;另一方面依托园本培训和教研,补充教师在儿童发展心理学、教育学等方面的知识缺失,同时通过案例分析,帮助教师在教学实践中加以使用。在这一过程中,教师获取专业知识仅仅是"起步",最终的目的是能够实践,在实践中不断建构实践性知识,提升观察的专业素养。

观察不能凭空开展,否则便是纸上谈兵,需要凭借工具,才能保证观察科学、有效地开展。本园主要以检核表为切入点,为教师开发观察工具。为了确保检核表各项指标的科学性,本园依托各级各类学前教育纲领性文件以及《3—6岁儿童学习与发展指南》(以下简称《指南》)。课程研发部人员以《幼儿园教育指导纲要(试行)》(以下简称《纲要》)和《指南》,为基本框架,把国家、地方、幼儿园以及儿童的需求相结合形成抽象的培养目标,以表现性评价作为理论基础,结合教师在实践中对儿童典型行为的收集,把目标细化为幼儿的行为表现,形成 MY 课程儿童发展行为检核表,引导教师在教育场景中有目的地实施观察。

表 3-3　小班幼儿午睡"穿脱衣服"检核表

目标	正确穿脱衣服		
基本经验	在帮助下能穿脱衣服或鞋袜		
可观察的幼儿行为	能按顺序穿脱衣服		
观察内容	意愿	1. 睡觉前或起床后,有主动穿脱衣服的意识	
	能力	1. 能独立正确地穿脱衣服 2. 在成人帮助下,能正确穿脱衣服	能力的行为表征: 1. 会区分衣服的前后正反面 2. 能将脱反的衣服翻正 3. 会用钻洞洞的方法穿脱套头衫 4. 能用自己的方法穿脱开衫 5. 会扣简单的扣子、拉拉链 6. 会正确地穿脱裤子

　　检核表的开发需要经历一个过程。首先,由新城实验幼儿园的课程研发部人员研读《纲要》和《指南》,把园本培养目标和本园儿童发展需求整合其中,形成基本经验;把基本经验转化为幼儿的行为目标。行为目标主要以"能/基本能"为维度衡量幼儿的发展水平。从这一步开始,幼儿的行为便进入可观察、可测量的维度。接着,课程研发部把检核表下发给教师,教师通过日常观察,采集幼儿的典型行为,把"能/不能"进一步细化为幼儿的外显行为。教师完成后反馈回课程研发部经课程研发部审核后最终完成。

　　幼儿发展检核表为教师观察幼儿行为建立了真实、可视的观察依据。教师使用检核表的过程,不仅是观察幼儿行为的过程,也是将本体性知识内化的过程。随着检核表在园内广泛使用和教师对幼儿相关本体性知识不断内化,教师可以逐渐根据本班幼儿的实际情况,制定更为班本化的幼儿发展检核表,从而使得教师的观察行为更加贴合本班幼儿真实的学习与发展需要。

　　与检核表进行配套开发的还有影响因素分析表,帮助教师科学掌握幼儿某一动作发展的影响因素。以平衡能力为例,在影响因素分析表的指导下,教师清楚知道影响幼儿平衡能力的四大因素,准确地找到每个幼儿平衡发展的"软肋"及其原因。找准原

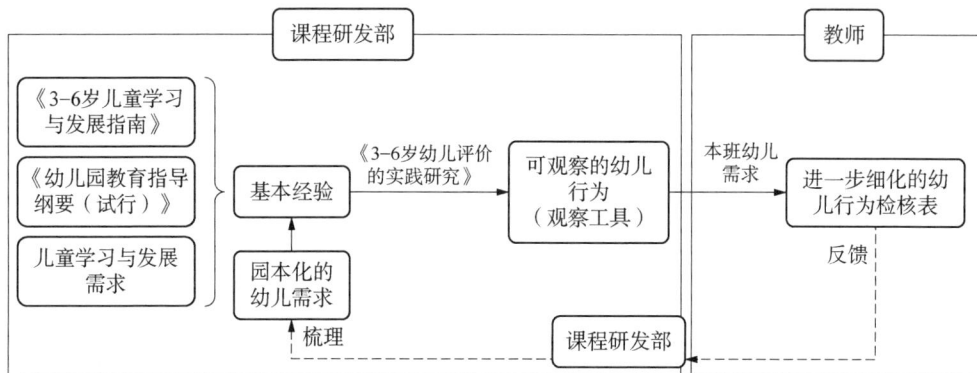

图3-2　幼儿发展检核表的开发流程

因,才能"对症下药",给幼儿提供正确的引导。

　　MY课程的各类观察指标与行为检核表作为科学有效的观察工具,为教师在日常工作中提供了坚强有力的"抓手",让教师找到了"观"的方向,领会了"察"的办法。教师在一次次对观察工具的运用中,真正将各类本体性知识转化为自身成长的养分,也真正将幼儿的需求看在了眼里、记在了心上、落实在了课程的设计与实施中。

三、以观察为线索推进循环改进的过程

　　幼儿的发展是一个持续变化、发展的过程。此时的发展实态将在彼时发生变化。转瞬即逝的变化让教育计划与方案同样处于动态变化中,从而构成了在观察牵引下教育活动循环改进的过程。

(一) 量化观测与质性观察工具相结合

　　在实践中,检核是使用起来比较方便、让结果一目了然的观察工具,受到了教师的欢迎。幼儿的发展具有复杂性和不确定性特点,很多情况下虽然A幼儿与B幼儿检测出同一结果,但结果体现的发展却有可能不尽相同。同样是平衡能力弱,大部分幼

儿源自肥胖和平时缺乏运动,有些则不然。因此,仅仅凭借检核表等量化观测工具的观察是单一而片面的。教师需要结合质性评价,如轶事记录和行为观察等较为全面地解释幼儿发展结果形成的原因及其发展的过程。

因此,关于结果性的观察,我们通常使用量化工具,过程性和诊断性的观察则需要质性工具。但无论使用何种工具,都需要根据幼儿的发展内容和速度决定工具的使用节点以及使用时间。例如,平衡能力的发展可以在短时间内发生改变,因此教师基本以"月"为单位使用量化观测。而小班幼儿的进餐、如厕等自理能力的发展需要较为漫长的发展过程,教师可以根据情况适当延长节点上的观测,否则不仅造成人力、物力上的浪费,同时还会增加幼儿以及教师的焦虑感,反而阻碍观察,不利于推进课程的实施。

(二)以教师为主体整合家长力量使用观察工具

虽然教师是观察工具使用的主体,但在纷繁复杂的教育现场,他们在面对班级全体幼儿的情况下,常常"分身乏术"。即使教师有足够的时间和能力关注到每一个幼儿,但是仅从一个角度对幼儿进行观察了解也往往容易过于片面。因此,我们充分感受到教师与家长之间紧密合作的必要性。在幼儿的发展过程中,教师通过家长收集幼儿在家庭生活中的行为表现,能更为准确、深入地了解每一个幼儿的发展;而家长也能通过教师的反馈了解到幼儿教育的重点内容,从而在家对孩子进行更有针对性的指导。为此,本园也会根据不同的观察需求,把检核表的内容与表述方式进行适当调整,制作家园双向检核表,引领家长配合教师在不同场景下观察幼儿的行为和习惯,充分发挥家长作为幼儿园教育的重要合作伙伴的作用。

(三)形成观察工具持续反馈和更新的机制

从幼儿园课程管理制度的顶层进行设计,形成一套园本的幼儿观察工具持续反馈和更新机制的工作就变得不可或缺。只有建立起一套从幼儿园课程管理制度的顶层进行设计完善的更新机制,才能保证在园本课程的实线中,始终基于最科学、完备的观察工具对本园幼儿的各类需求进行识别、对教师的观察行为进行指导。实验幼儿园的幼儿观察工具持续反馈和更新,主要依托于课程研发团队和各班幼儿教师进行开展。当教师拿到课程研发部制定的观察框架后,需要根据本班幼儿的实际需求进一步细化各类行为表现的观察指标,并反馈至课程研发部;随后由课程研发部基于教师反馈的各类证据再对观察框架进行梳理和调整工作。如此循环往复,既保证了观察工具不断基于本园幼儿的真实需求进行更新、迭代,也保证了观察工具具备科学性和先进性。

第四节　科研,让教师走进儿童心灵

随着教育改革的不断深入,教育科研在学校发展发挥的作用和价值正受到越来越广泛的认可。那么教育科研如何在实践中发挥作用,缘何受到如此关注?请大家和我一同走进"时光隧道",回溯我园园本课程的十年探索之路,揭晓问题的答案。

一、教育科研,让教师研究儿童

建园初期,稚嫩的教师队伍面临着各种各样的挑战:孩子之间个体差异大,统一的课程难以满足不同孩子的发展需求;同年,《上海市中长期教育改革和发展规划纲要》文件的发布对学前教育提出了"为了每一个儿童健康快乐成长"的教育新要求。

如何在幼儿个体需求差异巨大的情况下,把这一任务落地为我们的实践做法呢?这不仅仅是我的困惑,也是每一位教师的困惑。

这时,我园科研工作迈出的第一步就是对教育新要求进行解读,结合我园的现实需要,将高位的要求转化为教师们可理解的办园理念、可操作的实践做法。于是就有了我们当时的第一个课题《基于每个幼儿充分发展的教育过程公平实践研究》,从科研的角度提出"通过为每个孩子建立个案,看见孩子的需要",明确了教师们常态化教育工作的方向,并与教研活动紧密结合,每次的年级组教研和集体备课前,每位教师先"讲孩子的故事"。教师在科研室的引领下,使用观察法记录和分析孩子的成长需求,形成个案。在教育使命感和获得感的驱动下,教师们的工作积极性一下就被激发了。

面对成长需求各异的孩子,科研方法的应用在教师的教育实践中逐渐成为常态:譬如科研中常用的文献研究,教师们以科研的思路践行着自己的工作——家长的信息是文献,其他领域的专业知识是文献。有了专业信息的支持,我们的教师逐步走上科学实施教育的道路。慢慢地,科研的意识渗透到教师的教育行为之中。现在,科研方法的使用已经与我园教师的家长工作、教学工作、班级管理等常态化工作融合为一个整体:科研,让教师眼中有孩子;同时,在教师实践的过程中,科学的方法与思路又成为源源不断的养分,滋养着科研的发展。

二、科研,让教学实践走向科学

通过"教师讲孩子的故事",教师们的眼中看到了班里的每个孩子。为了更好地让教育实践走向科学,我园科研室做了大量的工作。近期的工作重点之一是——基于证据的"我的课程"实施。大体的思路是:从证据收集,到课程实践,最后基于证据进一步深化课程建设。研究分为三个模块,下面以"我的运动课程"为例,对我们的实践做法进行一个较为详尽的说明。

模块一:收集体现幼儿需求的证据

科研室发现教师们困惑于"在运动中如何了解到每个孩子的发展需求,如何收集体现幼儿需求、经验与问题的证据"。基于此,科研室带领教师从"我的课程"理念出发,共同开发运动中的证据收集工具,比如幼儿体能发展观测、运动发展家园双向观测、幼儿自评等,帮助教师观察儿童的运动行为,了解儿童的发展水平,捕捉潜藏在儿童行为背后的学习与发展需求。

模块二:循证支持幼儿的发展

在收集到幼儿运动发展的数据和证据后,教师们面临着新的问题:如何对信息进行筛选,将证据转化为能够支持每个幼儿发展的现实课程?为此,科研室通过研究,梳理出运动中的各类本体性知识,形成《MY 运动课程操作指引》(简称《操作指引》)。

当教师通过观察发现班里部分幼儿的平衡能力需要得到进一步支持时该怎么做?《操作指引》从影响幼儿身体平衡的四个因素:支撑面的大小、支撑面的稳定性、身体重心的高低、身体的感知觉进行科学的分析,提示教师可以分别从静态平衡和动态平衡两个方向开展阶梯式的活动设计。

表格为教师们提供了专业知识,教师在组织活动的过程中可以有所凭借地观察每位幼儿在平衡方面的动作发展,由此可以发现不同孩子的发展需求。教师还可以根据这些科学的知识开展现场的随机指导以及后续的推动计划,研发活动方案和实施策略。

最后,科研室再将教师优秀的实践做法进行梳理、提炼,反哺研究工作,基于证据不断完善课程操作指引,用于对实践的进一步指导,让课程不断基于证据循环改进,始终保证"我的课程"实施方案科学、有效、与时俱进。

模块三:让"我的课程"面向每个幼儿

每个孩子都是独一无二的,都有自己不同的学习与发展需求。支持幼儿个性化发展一直是"我的课程"的追求。因此,在科学实施共性课程的基础上,科研室一直致力于研究对个体幼儿的支持。由于四类活动的不同特性,我们成立四大项目组,以科研＋教研的形式开展研究。在研究的过程中涌现出许多好的成果,为教育实践提供了许多新的思路。比如,在学习活动开展前,大量使用观察法收集幼儿行为信息,进而使用文献研究分析幼儿的行为,掌握每个幼儿的已有经验和兴趣点,从而基于幼儿不同的发展水平,差异化设计、实施活动,并在形成性评价的基础上,对每位幼儿进一步的发展提供支持。让"我的课程"真正满足每位幼儿的需要。这是一个循环往复、螺旋上升的过程,既是一个研究开发的过程,还是不断积累、丰富和改进的过程。因此,一个学校的教育研究不是装点门面的锦上添花,而是蓄养根基、发展内涵的基础路径。

三、科研,行走在教育一线的保障机制

在这十年间,通过科研和教研的相互反哺,我园的教育科研工作也取得了一定的经验,形成了一个比较科学的教科研融合组织体系。在园长室统一引导下,科研室和教研室协商互助、相辅相成,共同开展幼儿园教育科研工作。

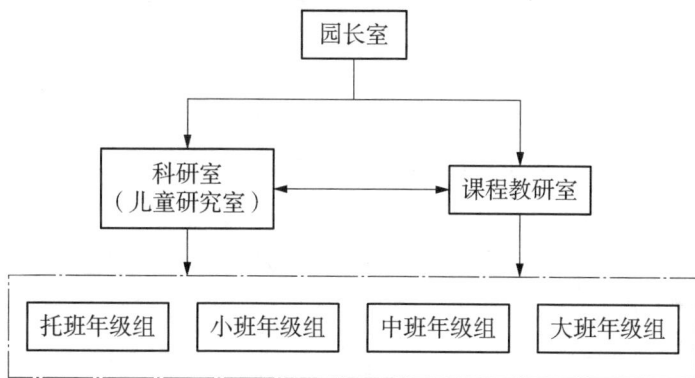

图 3-3 教育科研组织架构图

在教科研融合的实践探索中,我们逐渐形成了一套相对系统的课题研究路径,支持"我的课程"不断深化。

四、结语

"我的课程"一路走来,从"让每个孩子看得见",到"让每个孩子活起来"再到"让每个孩子有获得感"背后都是依托课题进行聚焦,是我们"让教育指向每个孩子"的思想

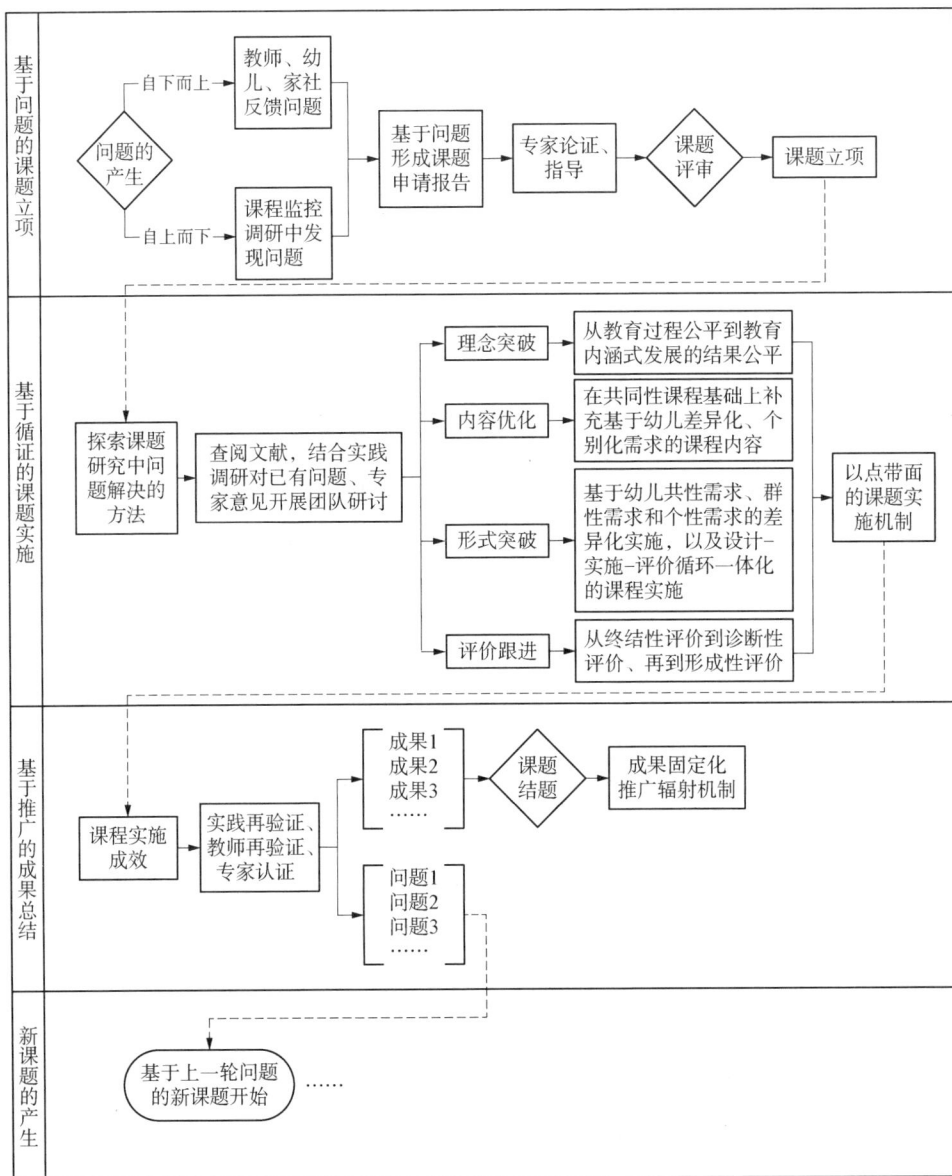

图 3-4　教育科研研究路径图

在研究中不断探索、不断发展、不断递进的阶梯。说到这里,我想我们已经找到了开篇时问题的答案:教育科研在我们一线的幼儿园中到底发挥着怎样的作用和价值? 我想就在于我们幼儿园的教育科研工作真正行走在教学实践的第一线,真正面向了我们孩子的需求、我们教师的困惑、我们幼儿园的发展。

　　未来,我们会继续扎扎实实地开展各项工作,以科研引领教研、教研反哺科研的思路探索出一条科学发展的教科研融合之路——为幼儿的发展赋能。

第 四 章

我的管理经：最好的管理就是看不到管理

卢梭有一个观点："什么是最好的教育？最好的教育就是无所作为的教育：学生看不到教育的发生，却实实在在地影响着他们的心灵。"我以为，最好的管理就是看不到管理，管理不是少数人的事，每一个人都是管理者和被管理者，这样的管理才能为幼儿园注入更多的智慧和活力。

第一节　课程管理需要精细化

近年来,在上海市二期课改精神的引领下,在各级教育行政部门和教研部门的指导下,我园紧紧围绕《上海市幼儿园园长课程管理指导意见》的文件精神,实行教学精细化管理,极大提升了教师的课程执行力,课程实施的有效性得以明显提升。

一、关于课程管理的定义

什么是课程管理?课程管理即以课程为对象所施加的决策、规划、开发、组织、协调、实施等管理活动和管理行为的总称。根据课程管理范围的大小,管理性质、目的和任务的不同,可划分为课程宏观管理与课程微观管理。课程宏观管理是关于一个国家或地区的课程管理活动和管理行为;课程微观管理是一个学校以课程实施为重点的管理活动与管理行为。

如何有效实施课程管理?基于《上海市幼儿园园长课程管理指导意见》,可以从四个方面入手:(1)为什么?课程管理的目的是提升保教质量,促进幼儿全面和谐发展。(2)做什么?课程管理的内容包括:编制课程实施方案、加强对教材选用的管理、加强对保教过程的管理、加强对保教质量的监控和评价、建立课程实施的支持保障。(3)谁去做?园长是课程管理的第一责任人。园长要成为幼儿园课程实践的领导者、指导者、支持者与服务者,教师则是推进课程改革与课程发展的主体力量。(4)怎样做?涵盖课程管理的各种方法和措施。

表 4‑1　课程管理的内容与措施

课程管理内容	课程管理的措施
组织编制课程实施方案	确定"一套计划"——课程实施计划
加强对教材选用的管理	加强"一种研究"——团队螺旋研究
加强对保教过程的管理	强化"一种行为"——课程管理行为
加强对保教质量的监控和评价	完善"一项机制"——课程评价监控
建立课程实施的支持保障	建立"一个网络"——课程研究网络
	落实"一套制度"——课程保障制度
	优化"一种教研"——校园网络教研

二、编制课程实施方案的要素

课程实施方案是幼儿园在一定时期内课程管理与实施的基本依据,幼儿园从园情出发,形成一个有完整结构体系、可操作的课程实施方案。管理思路是确定一套课程实施计划,关键词是"层层分解""环环紧扣"(见表 4‑2)。

表 4‑2　课程实施方案实施步骤

负责人	计划推进步骤			
园长	学校课程实施方案	学期课程实施计划	每月课程管理计划	每周课程管理计划
教师	班级课程计划	班级月课程计划	班级周课程计划	教师日课程计划

学校课程管理的系统计划保证了学校课程实施的方向。根据幼儿园的发展需求,围绕课程发展愿景与课程目标,从宏观到微观层面,与教师共同建构幼儿园系列化课程实施计划。

学校管理层面主要加强四个课程管理计划的制定和落实。

一是拟定幼儿园课程实施方案。根据幼儿园的发展需求,我园遵循《课程指南》的原则,基于园情,围绕幼儿园课程发展愿景与课程目标,与教师共同建构课程实施方案。近年间,对课程实施方案进行了三次调整和完善。最新调整的课程实施方案紧紧围绕新颁发的《上海市二期课改新教材》的精神,已成为我园一套比较完整的课程实施依据文本,具有针对性、操作性、可行性。

二是拟定学期课程实施计划。为了保证每学期课程实施的有效性,根据课改的要求,以学校课程实施方案为准则,每学期制定课程计划,并根据课程计划的实施情况,对学校课程实施方案进行适时补充、细化、完善,保证课程实施方案的有效落实,促进各领域课程整体质量的持续提升。

三是拟定每月课程管理计划。为了保证学期课程计划的有效落实,学校课程核心组围绕课程实施方案和学期课程计划有序确定每月课程管理计划,对每月学校各条线的保教工作提出明确的管理要求。

四是确定每周课程管理计划。根据学校月课程管理计划,我们将课程管理计划进行细化,落实每周课程管理计划,明确每周课程管理的目标及要求,保证学校课程教学的有效落实。在幼儿园课程管理方面力求做到:课程目标层层分解、有序落实;课程管理点面结合、职责明确;操作步骤环环相扣,步步落实。

在教师层面,按照幼儿园课程实施方案及年度课程计划的要求,要求教师有目的、有针对性地制定各类保教计划,包括班级课程计划、班级月课程计划、班级周课程计划、教师日课程计划等。要求教师的各类计划做到有序推进,有效落实,切实提高教师的课程执行力。

三、加强对教材选用的管理

教材指教师所用的教学指导用书,以及与之配套的教学挂图、音像制品、幼儿辅助读物、操作材料等教育资源。我们的做法是加强"一种研究"——团队螺旋研究。幼儿园以课程领导小组成员为管理核心,定期组织教师对教材进行研究、分析,保证课程教学的深入推进。重点在于"全员参与",研究过程呈现出螺旋上升的态势(见图4-1)。

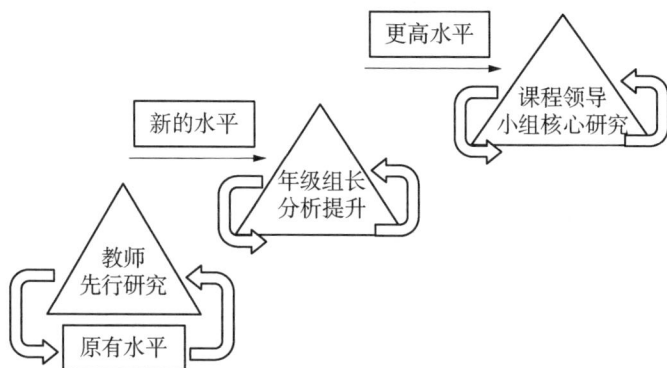

图4-1　研究过程图

　　如图所示,首先是教师的先行研究。主要以班级为单位,加强对新教材的研究:(1)每学期初采用"自下而上"的形式,加强对新教材集体教学活动的研究和选择,并提交年级组。(2)每个主题开展前,围绕新教材对个别化内容、材料和环境进行研讨,并提交年级组。(3)每月初对新教材"生活和运动"进行研究,并提交年级组。

　　其次是年级组长的分析提升。各年级组长对各班提交的各类计划进行第一轮指导和审议,并进行论证分析、做好反馈、梳理、汇总工作,提交课程领导小组。再者是课程领导小组的核心研究。课程领导小组对年级组提交的各类计划进行分析和研究,落实补充、调整、完善环节,并采用"自上而下"等方式进行落实。

　　最后是课程资料的梳理完善。学校课程领导小组依托各层面教师的力量,按照不同时间节点对课程园本化资料进行梳理和总结,为新一轮的课程实施提供借鉴和支撑,为高质量实施课程积累经验。近一年来,我园整理和撰写了五本课程园本化资料:《新手上路帮帮帮》《走进结构世界》《个别化活动方案集》《保育员经验手册》《集体活动集锦》。

四、加强保教的过程管理

在加强保教的过程管理方面,我们的做法可以提炼为强化"一种行为"——课程管理行为。它的关键词是"目标清晰""三圆同心",即重点加强三方面管理:计划管理、"一日活动"实施过程管理、保教效果的分析评估。

首先是加强计划管理。有效制定各类计划是提高保教质量的关键。园长作为课程管理的第一责任人,切实加强对保教计划制定、实施的管理和领导,引导教师重视各类教育计划的制定,有目的、有指向地开展各类课程教学活动。作为园长,定期组织学校相关管理人员对各类保教计划进行认真审阅。同时,借助学校网络论坛,组织相关管理人员加强对各类计划的调研和指导。主要形式有四种,一是学期初对班级计划调研指导;二是每周五对周计划调研指导;三是每月末对下月月计划调研指导;四是两周对日计划进行调研指导。

其次是加强对"一日活动"实施的过程管理。一日活动管理的内容很多,园长则重视"一日活动"中各个实施环节的管理;拟定符合园情的"一日活动"常规要求或操作细则,保障一日活动各环节的有序性、稳定性。重点落实二种做法:第一,制定每周课程计划,明确课程调研重点。围绕9月份月课程计划的要求,确定幼儿发展重点调研的内容为洗手。统一明确要求,落实洗手五步曲:卷衣袖、冲水抹肥皂、搓洗时关上水龙头、搓洗部位(手心、手背、手指缝、大拇指、手腕)、捧水和甩水,并将课程计划提前展示在校园网上。第二,成立课程调研小组,查找问题解决对策,主要落实三个层面的调研。一是行政调研,主要人员为园长、副园长、后勤主管;二是条线负责人调研,主要人员为年级组长、保健教师;三是执行园长调研,每周一位教师。要求是三个层面的调研根据幼儿发展的调研内容"洗手"等,深入班级进行调研,做好调研记录,找出各班个性问题,梳理各班共性问题,提出跟进策略。一周后将调研表发至园长、副园长的邮箱。

最后是加强对保教效果的分析评估。主要做好每周课程实施研讨和每周课程网络反馈两方面的工作。在做每周课程实施研讨时,可结合三项调研,开展分层研讨。具体落实到每周五分教学组、后勤组二组围绕调研情况进行汇报、研讨,确定跟进策略,提交下周一园务会议审核。接着下周一举办园务会,围绕两组讨论的意见,进一步研讨、完善和优化。梳理一周课程调研的情况并进行网络反馈。其次做好每周课程网络反馈。学校课程领导小组根据周课程研讨情况,从保教两个角度分析课程实施的优势和薄弱点,梳理一周课程实施情况,提出整改建议,并将每周课程实施反馈报告挂于校园网,让全园教工自主浏览与自省,确保各领域课程实施的有效性。

五、加强对保教质量的监控评价

在关注和加强对保教质量的监控评价方面,我们的主要做法可以概括为完善"一项机制"——课程监督评价,要点在于网罗信息的同时注重常态。提高保教质量是课程管理的最终目的。根据《上海市幼儿园保教质量评价指南》要求,结合幼儿园特点,建立完善自评、互评与他评相结合的保教质量监控评价机制。我们的主要做法有四点。

一是加强自评活动。每月结合教师成长手册,组织教师围绕"保教质量评价指标"中的某一个重点开展对保教质量评价指标的学习和自我评价,从而提高教师有效反思能力,助推教师专业化发展。例如午餐环节,围绕评价指标请教师自评第一次和最后一次评价的情况,写出过程中实施的策略。

二是开展他评活动。围绕《保教质量评价指南》,结合教师成长手册,由三个课程调研组结合日常调研活动进行他评。

三是进行幼儿发展测试。采用常态评价和集中评价二种途径。通过定期组织幼儿发展的能力测试,了解各班课程实施的常态效果,了解幼儿一日活动中的能力表现。主要采用日常观察法和每月专题测试的形式,如每月对幼儿生活习惯、礼貌行为、语言表达能力、游戏中表征行为、构造行为、合作能力等方面进行测试。通过对测试所获得的信息分析,落实跟进措施,就孩子发展态势情况,对教师的课程执行情况给予客观、公正的评价。集中评价 2—3 次,实行期初、期中和期末的纵向比较。

四是动员家长测评。组织家长每月一次有针对性的问卷调查,及时做好数据汇总——问题分析——研讨会诊——反馈落实等各环节工作。并由家长评价幼儿发展情况,多角度检测课程实施的成效,不断完善改进措施。

六、建立课程实施的保障系统

在建立课程实施的保障系统方面,我们有"一个网络""一种教研"和"一套制度"。

首先是建立"一个网络",即课程研究网络,要点是全面安排,分块落实。为了保证课程的有效实施,建立了学校课程研究的管理网络,共同设计项目计划、共同开展课程实践研究、共同参与课程决策与评估等。学校课程研究网络由八个研究小组组成:课程核心小组、大教研组、年级组、备课组、社团、班级合作研究组、保育研究组、家长研究组。在课程实施过程中,八个研究组各自承担不同的职责和功能。在八个研究小组的合作研究下,学校课改推进过程中的一个个问题得到切实改进,教师的专业能力得到明显提升(见表 4-3)。

表 4-3　课程研究小组主要任务表

课程研究组	负责人	主要任务
课程核心小组	园长	1. 规划幼儿园总体课程,确定课程内容及内容之间的时间和比例;制订不同季节的作息时间和课程安排表;确定各类计划的制定;负责课程与教学的管理与评价;组织有关课程选择和研讨会议;落实课程的配套措施;负责整理幼儿园课程资源库;加强课程建设和管理等。 2. 围绕学校课程实施方案科学制定好每月课程管理计划、每周课程管理计划,针对重点开展调研。每周五围绕一周调研的情况开展课程实施研讨会,及时发现问题及时落实措施,保障幼儿园课程有效开展。
大教研组	业务园长	通过每周一次专题教研或保教常规教研,解决教师课程实施中的共性问题和个性问题,提高教师的课程执行力。

课程研究组	负责人	主要任务
年级组	教研组长	通过每周一次年级组专题教研或保教常规教研,帮助教师解决课改过程的主要问题。
备课组	备课组长	采用"网络研讨和现场教研"两种形式,每周开展集体备课研讨,提高集体备课的质量。
社团研究	骨干教师	每月开展社团研讨活动,解决教师在集体教学过程中的问题。
班级合作组	班主任	二位班主任每周四开展班级保教工作研讨,加强对课程实施的研究,发现问题提出策略。同时也加强对各类计划制定的商讨:学期初,对班级计划研究;每月,对月计划进行研究;每周,对周计划和班级工作进行研究。
保育研究组	后勤主管	与保健教师每周围绕学校课程管理计划加强对后勤保育工作的调研和研讨。
家长研究组	家委会主任	学校成立了三级家委会,每月请家长来园参与课程管理、评价和监督。如请家长观摩教学活动,提出评价建议,加强课程建设;请家长参与保教管理,优化课程管理;请家长参与课程评价,保障课程有效开展。

其次是落实"一套制度"——课程保障制度。为确保课程的有效开展,幼儿园制定了系列化的课程管理制度,如幼儿园课程管理制度、课程实施调研制度、课程质量分析与反馈制度、教研制度、集体备课制度、教师一日活动评价制度、课程实施大检查制度、课程实施半日活动操作流程等,以制度管理保障课程的有效运作。

最后是优化"一种教研"——校园网络教研。为推进课程有效落实,不断改进和完善园本教研制度和工作方式,积极探索"有效教学"机制,逐步形成民主、开放、生动的教研机制,使园本教研成为助推保教质量持续提升的重要举措。我们利用网络实施交互式的集体备课;利用网络实施动态式的教研活动;利用网络实施自主式的师资培训。

基于课程后续发展,我有三点思考:一是在实施课程园本化过程中,如何做强学校的特色课程,形成科学、精准的目标体系,还有待于进一步加强专题研究;二是如何进一步扎实教师的专业素养能力,提高教师的课程执行力将是幼儿园后续深化课程改革的工作重心;三是如何进一步优化课程评价机制,以科学评价促课程发展,将是幼儿园重点关注的问题。在本节的最后,附上《嘉定新城实验幼儿园 2018 学年第一学期教育条线十二周课程实施分析表》作为示例,以供读者参考。

附:嘉定新城实验幼儿园 2018 学年第一学期教育条线十二周课程实施分析表
(2018 年 11 月 19 日—11 月 23 日)

调研重点	1. 生活课程调研:午睡环节穿脱衣及入睡情况 2. 运动课程调研:上午区域运动和下午集体游戏的组织与实施 3. 计划调研:周计划
主要优势	1. 见习教师社团活动有实效:本周二见习教师社团活动在格林部开展生活课程的观摩研讨,顾德芬、沈莉、朱惠萍、赵晓燕轮流开放半日活动,并在中午与见习教师互动研讨,开展生活课程的微讲座,对见习教师开展一日活动提供了实践方法。 2. 家长开放活动有突破:本周四两部中班组开展了家长开放日和家长会,活动中教师帮助家长解读运动、生活活动的发展指标,指导家长科学解读幼儿运动能力和生活能力的发展情况,体现家长工作的专业性。 3. 部分班级午睡环节组织有序:新城部大二班、大四班、小一班、小五班、花园部教师在组织午睡时观察意识和培养幼儿能力的意识很强,幼儿养成较好的入睡习惯。
存在问题及跟进策略	**问题一:周计划制定中仍然反复出现结果导向的措辞** 主要表现: 1. 观察要点的措辞中大量出现"是否",观察目的以操作结果替代过程。 2. 部分观察内容不适宜。如连续几周观察相同的内容,个别内容适合期初,不适合期中的观察等。 对策: 1. 案例式反馈:请根据以下案例反思本班周计划质量。 (1)观察的价值取向从"是否"到"怎样" 案例 1:"观察幼儿能否手脚并用,手眼协调大胆钻爬长龙。" 修改:观察幼儿爬长龙时手脚的协调性,鼓励幼儿大胆钻爬。 分析:原文的表述转化为教师的观察行为时就是关注幼儿是否通过了长龙,以结果为导向,以是否通过为统一标准去衡量幼儿的发展;修改后,教师的观察重点为幼儿手脚的协调性,观察中可以发现协调性发展水平不一的幼儿,并且有鼓励钻爬的指导行为,体现的是发展的儿童观。

案例2:"观察幼儿是否能够逐份选择材料,指导幼儿放好一份材料后再拿第二份材料。"

修改:观察幼儿选择材料的情况,指导幼儿按需取放材料。

分析:原文表述中透露教师每次拿一份材料的教育要求,过于刻板;修改后为观察幼儿选择材料的情况,隐含了基于尊重幼儿的前提下,教师对幼儿选择材料的兴趣、内容、方式的全面观察。原文中指导幼儿放好一份材料再拿第二份,忽略了幼儿的需求,是标准的指令;修改后为在指导时也鼓励幼儿按需取放,这是对幼儿能力发展的培养,"按需"体现了对幼儿所处的活动情境和活动需求的考虑。

(2)观察内容的选择从"单一"、"重复"转向"全面"、"递进"

案例3:个别化学习中的两条观察要点:①观察幼儿是否能够自主选择益智材料,并进行操作。②观察幼儿是否能够逐份选择材料,指导幼儿放好一份材料后再拿第二份材料。

分析:首先,在同一周中两条目标都指向了选择材料的情况,局限了教师的观察的角度;其次两条目标指向性雷同,教师对主题中所有经验达成情况的观察无法全部分配到每周,不利于对主题经验的观察;最后,部分班级在观察要点上会出现连续几周都是同一个内容,缺乏观察的递进性,没有基于前一周的观察结果进行跟踪,并制定进一步的观察指标。

2. 认真研读课程实施方案:对每周保教计划的制定的要求,以课程实施方案为教育教学行为的行动指南。

班级周保教计划制定的提示语要求

本周保教工作要点		• 每周保教工作安排与学期班级保教工作计划中的课程实施要点相匹配。 • 依据上周"周周研"对班级一周保教工作分析后制定。 • 反映班级现状与幼儿发展实际的重要内容。
生活	内容与要求	• 幼儿午睡、进餐、盥洗、如厕等日常生活活动中幼儿行为养成新的内容或要求,与前期经验有递进。 • 确定生活动保教结合的主题与活动要求。
	保育措施	• 针对具体活动提供的多方位的保育服务(包括环境、资源、人际互动方式)
运动	内容与要求	• 操节、体育游戏和器械活动的主要项目及指导要点。 • 运动中幼儿安全、保护等活动行为的要求。 • 一小时户外活动的量与幼儿的年龄特点相符。
	保育措施	• 从运动安全保护、生活照料等方面提出措施。

游戏	内容	● 确保一日活动中给予幼儿充分的游戏时间。 ● 游戏要写明类别(角色游戏、建构游戏、沙水游戏等)。
	观察重点	● 根据上周幼儿游戏情况确立本周重点观察的内容。 ● 一周重点观察的内容不宜过多,一般不超过三项。
学习 个别化学习	内容与要求	● 根据上周幼儿的学习经验、课程推进过程中的需要等因素确立一周重点观察的活动区内容。
	观察与指导要点	● 明确新增材料的名称及学习价值。
集体学习	内容与要求	● 明确活动名称及相关的经验领域。
	指导要点	● 确定学习活动的组织方式。
家长工作要点		● 对幼儿身心健康发展中的新关注点,对家园共育的沟通与指导,及对个别孩子的教育重点。

问题二:秋冬季午睡环节的组织要进一步加强

主要表现:

部分班级幼儿穿脱衣的顺序、习惯还未养成。

教师在午睡中的巡视力度不够,部分班级幼儿入睡率低。

对策:

1. 加强自主优化课程实施的意识:认真研读并温故《一日活动各环节操作细则》,有序实施生活环节,尤其进入秋冬季,对穿脱衣的情况要尤为关注。

入睡前:

(1) 教师指导幼儿按步骤脱衣服,并折叠衣物,摆放到相应位置。幼儿脱衣流程:脱裤子—坐到被窝里—逐一脱上衣。(外套可根据天气情况放置教室椅背上或寝室床上。)上铺的幼儿将上衣叠整齐放在脚跟,以便起床后第一时间穿。

(2) 幼儿穿脱衣物时不宜站立在床铺上,教师要尤其关注上铺幼儿的安全。同时兼顾盥洗室动作慢的幼儿情况。

(3) 冬季提前半小时关闭寝室窗户,提前开启空调,以便幼儿进寝室后脱衣入睡。

(4) 教师逐一检查幼儿塞被情况,避免幼儿受凉。冬季等全体幼儿睡下,关闭空调,并适当开启寝室门通风。(夏季,适当打开窗、门通风)

(5) 待幼儿全部躺下后开始讲睡前故事。

午睡中:

(1) 教师观察幼儿的入睡情况、被子是否掉落、是否有异常情况等。

	（2）秋冬季,午睡中如有幼儿起床如厕,教师要及时指导幼儿穿好外套,避免着凉。 起床后: （1）冬季起床前教师关闭寝室门窗,开启空调,以便幼儿起床、如厕、穿衣不着凉。 （2）鼓励下铺幼儿整理床铺（先打开被子透气,穿衣、如厕完成可参与整理）。上铺幼儿不需整理床铺。 （3）教师关注幼儿仪表的自我整理（如衣领、纽扣、鞋子正反等）。 先完成整理的幼儿可以进行自主阅读。 2. 加强过程中的巡视,确保班级幼儿的入睡率:确保巡视密度——每15分钟巡视一次,待大部分幼儿入睡后才能做环境、案头工作,以不影响幼儿午睡为前提。入睡困难的幼儿要进行陪同,同时兼顾其他幼儿,确保在与保育员交接班时大部分幼儿已入睡。 **问题三:常规工作要确保质量** 主要表现: 1. 下午体育游戏不能每天确保时间和质量 2. 运动、游戏材料没有全部提供 3. 幼儿活动、公开课、会议等结束后,场地、材料没有及时归位。 各位教师要加强责任意识,有质量地课程实施是常态工作,时间、环境、材料都是基本保障,也是教师基础性工作。每一位教师都要形成自律意识,下阶段行政将加强常态工作的调研力度和考核力度!
下周工作 安排	1. 常规工作调研:课程实施的规范性 2. 游戏课程:户外游戏的全面调研 游戏现场:幼儿发展（创造性、社会性等）、教师指导能力 游戏交流分享:幼儿语言表达、教师组织能力 3. 生活课程:幼儿洗手情况 4. 幼儿发展:独立入园、准时来园情况

第二节　教学管理需要信息化

二十一世纪一系列信息技术的革命彻底改变了人们的生活。在信息化浪潮席卷而来的背景下,教育管理也需要因时、因势创新发展。据此,我们早在 2004 年便开始探索在幼儿园背景下的教学管理信息化。在创新教研组织形式、评价工作、教育教学管理和家长工作等方面开展教育信息化的深化实践,全面提升教职员工信息素养,推动信息工作从技术应用向能力素质拓展。为此,我创新在幼儿园搭建起"网络课程通"管理平台,并依托课题《网络环境下管理的实践研究》开始改革,打破时空界限,利用网络创新教师专业发展新路径。新技术的运用为教师们的专业发展提供了有力的支持,而我的课题获区一等奖,改革成果推广到全区每个幼儿园并沿用至今。

以下将从互联网的特点、研究的历程、研究的成效等几个方面,回溯作为一个幼儿园管理者在面对新技术、新趋势时,如何以开放的胸怀拥抱新时代、将新技术运用到园务、教学管理中,革新管理面貌的历程。未来,更多技术会接踵而来,技术在不断地迭代,但作为管理者如何看待、运用新的技术,使园所管理更加便利,让教工们的工作更加高效,则是永恒的话题。

一、对互联网技术特点的辨析

首先,互联网具有开放性的特点。网络是开放的,可以自由连接,而且没有时间和空间的限制,没有地理上的距离概念,任何人在遵循网络协议的基础上随时随地可加入其中。同时,相对而言,在网络上任何人都可以享受创作的自由,所有的信息流动都不受限制。在网络中没有所谓的最高权力机构,也没有管制,网络的运作是由使用者相互协调来决定,网络的每个用户都是平等的,这种开放性使得网络用户不存在是与否的限制,只要入网便是用户。网络也是一个无国界的虚拟自由王国:在网络上信息自由地流动、用户的言论自由地发表、用户的使用自由地安排。

其次,网络具有交互性的特点。网络把各个客户端的电脑连成网,人们通过网络不仅根据个体的需要获取信息资料,还可以借助电子邮件、网络论坛等信息交互工具,跨越时间和空间进行互动交流。网络的交互性特点还具有以下两个主要特性:一是网络的交互打破地域的界限。所谓"网上无国界",与互联网连接的主机都是平等的,只要有 IP 地址或域名,都可以访问任何与互联网相连的计算机,尽管它在地球的另一半。网络这种跨地域性具有其他交流方式无法比拟的优势。二是网络的交互具有同步性与异步性。网络的信息发布者将信息发布到网络服务器上,受众在此后随时可以上网查询该项信息,信息的发送与接受过程不需要同时进行,这就是所谓的异步性。此外,网络同时又可以进行如网上直播或网络会议等多种方式的同步信息传播。这样的特点,使网络信息传播可以满足不同传播形式的要求,使传播双方摆脱了时间的局限性。

二、研究的历程

第一步思路是通过文献研究,寻求理论依据。出于对幼儿园发展的需要,结合网络的特性,我们开展了为期五年的《网络环境下幼儿园管理的研究》,通过课题卷入的形式开展研究。本课题研究的核心目标是探索一套可供推广实施的校园网络环境下的新型管理模式,其基本特点是变放任式管理为规范管理,经验式管理为科学管理,个人独裁式管理为组织管理。通过在网络环境下新型管理模式的探索使教师成长为具有自主探索能力、独立分析解决问题能力、交流协作能力的新型教师。在研究过程中,我们首先通过文献研究确立了课题研究的理论依据。

首先是主体作用论原理。教育管理过程的本质是管理者与被管理者两方面主体之间的相互作用;管理过程是管理者主体性的实施和被管理者主体性实现的过程。管理者的主体性是一种现实存在,而被管理者的主体性却是在管理者管理思路的直接影响下确立。教育者的主体性主要体现在对被管理者主体性发挥的调控上,而被管理者主体性则体现为对调控的自主选择。因此,管理者主体性的发挥和被管理者主体性的实现存在着相互作用的关系。

其次是发展动力论原理。作为管理对象的教师从潜能开发到个人成长是一个持续的动力过程。在教育管理学中发展动力论内涵可解释为:以促进教师自身发展为目的,以教师动力系统开发为主要任务与手段,以不断帮助教师取得成功为主要途径,从而使教师在自身成长体验中学会并主动开发学生动力系统,有效地推动学生的良性发展。

第二步思路是通过行动研究,在解决问题中推进研究的深入开展。教育学中的行动研究是在真实的教育场景中,把教育研究者和教育工作者的智慧结合起来,由教育工作者按照一定的操作程序,综合运用多种研究方法和技术,解决教育教学实际问题的研究模式。行动研究其实是一个发现问题、解决问题、改善教育场景中行动质量、以及再度发现问题的动态过程,对于教育工作者而言其根本目的不在于建立理论、归纳规律,而在于解决问题,并在此过程中根据现实需要发现具有序列性的新问题,以层递性的目标为导向推进研究的深入开展。

为此,本次的研究主要经历了三个阶段。

第一阶段先是发现问题。随着教育行政管理的不断细化,条线工作越来越多;与此同时,教师的案头工作也向不断增加的趋势发展。对于纸质材料的阅读比较费时耗力,管理者难以在有限的时间内点面结合地全面把握各条线的工作要求和了解教师的备课和反思。教师案头工作的管理效率低已成为普遍问题。然后明确阶段目标:利用校园网优化管理方式,提高条线管理和教师案头工作管理的效能。我们反思后认为,校园网的主要功能仅限于对教师案头工作的管理,在实践中我们发现缺少对教研活动的引领、缺少园本资源库、缺少教师的自主教研等。换言之,校园网的互动性还没有充分为我们的教育教学所用。

第二阶段的研究问题是如何利用校园网积累园本教材? 如何利用校园网开展园本培训(园本培训的对象包括全体教师和后勤人员)? 基于问题,我们将阶段目标确立为"利用校园网做实园本培训,助推教工专业化成长"。阶段结束时,我们反思到,这个阶段的校园网补充了园本培训、园本资源平台、园本教材、活动资料等。目的是为了利用校园网的互动功能,逐步发挥学习、交流、指导的作用,促进教师专业发展。在实践中,我们越来越感受到校园网的魅力,也在实践中不断挖掘它的功能、提高它的效益,我们不断挖掘它的生长点。

第三阶段的研究问题是如何利用校园网拓展课程资源,构建课程资源平台、积累园本教材、以及开辟网上图书馆。如何利用校园网实施课程管理,以提升园长的课程领导力和教师的课程执行力?我们的研究目标是利用校园网加强课程管理,提高保教质量。最后,对校园网进行整体呈现(见图4-2)。

三、研究的收获

通过五年的研究,我和我的管理团队有了很大的收获,可以总结为三条经验。

第一条经验是盘活管理思路,实现管理的科学化。

盘活管理思路,实现管理的科学化需要做到两点,一是优化条线管理,提高教师案头工作管理的实效性;二是搭建中层管理支架,发挥组织管理的领导功能。

具体来说,要做到优化条线管理,需要做到:(1)变被动为主动,实现教师工作的自律和自省。以往在教师计划管理上存在一些问题:管理者不能在第一时间发现教师在制定教学计划中存在的问题;不能及时有效与教师进行问题与亮点的沟通等。网络环境,实现的是信息的公开,在校园网的支持下,教师们把各类计划以班级为单位建立子目录发布于校园网上,学校每位教工能随时、随地浏览学校每位教师的各类计划。教师们发上去的文档,有时间的显示,督促教师按时完成各类案头工作,同时在内网上可以不受限制浏览他人的文本,实现相互借鉴的互动交流。(2)变检查为指导,实现管理的过程化和人本化。以往每到检查教师的案头工作,作为教师,总有一点消极的情绪,作为管理者也有一点尴尬,如果条线检查多,就出现错综复杂的混乱局面。网络环境允许管理者随时、随地对每位教师的各类文档进行过程性调研,及时发现教师的亮点与问题,提出修改意见和建议,实现过程性指导。

要搭建中层管理支架,发挥组织管理的领导功能需要做到:(1)变个体忙碌为团队合作,实现学校管理的分和合。管理必须要遵循一定的原则,"整分合原则"是现代管理的一个首要的原则。网络环境,为有效开展学校分层管理搭建了一个组织管理的平台。在组织管理中,"领导是一种功能,而不是一种角色,无论是具有一定岗位职权

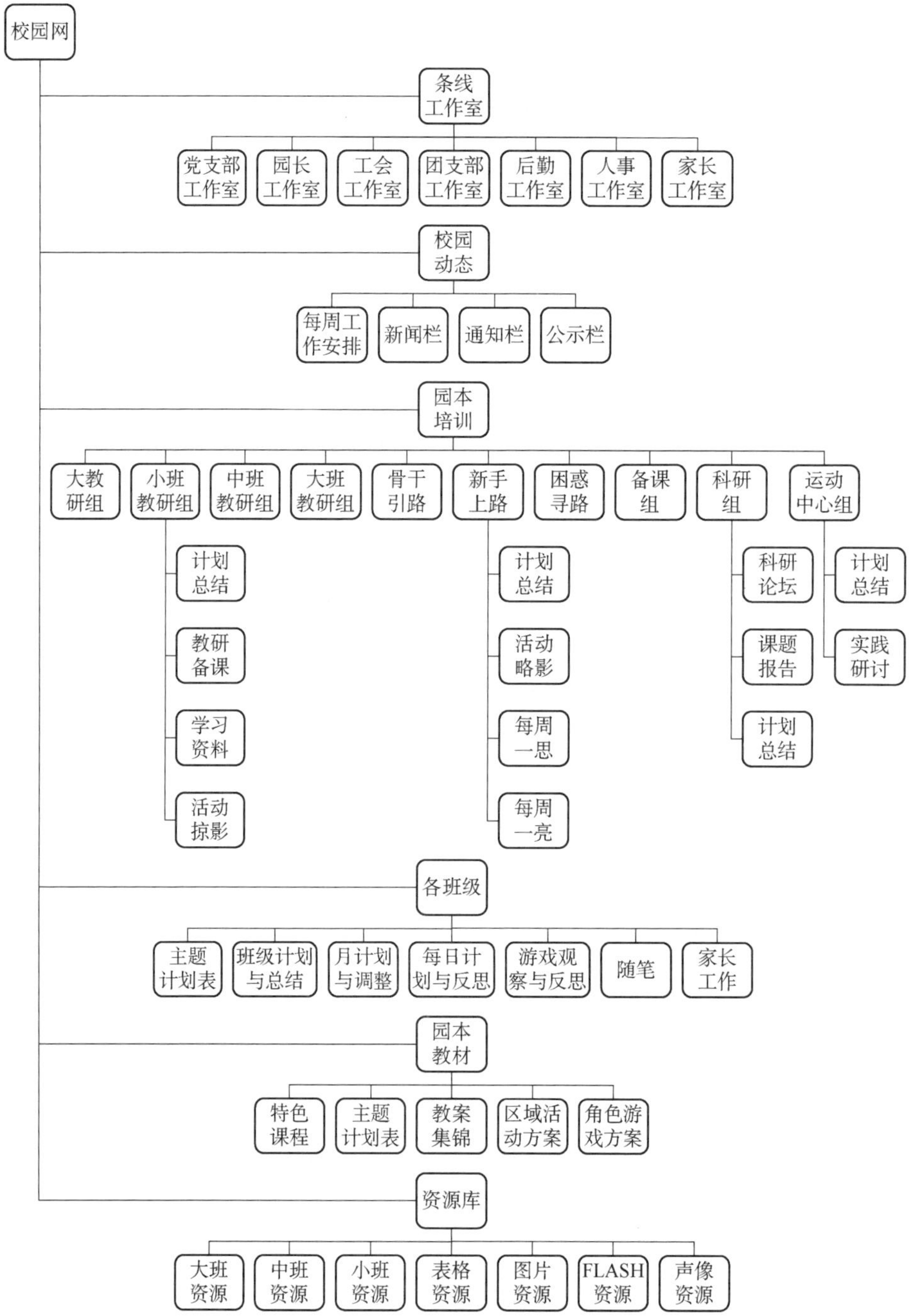

图 4 - 2　校园网整体架构图

的人,还是不在其位的人,都可以发挥这种功能。"①为此,我们为每位教师和条线负责人在校园网上开辟一个工作室,各条线围绕学校的整体工作进行分层管理,相互交流协调,产生管理的整体功效。(2)拓展中层管理,培养具有专业素养的中层团队。幼儿园的中层干部一般由年级组长、教研组长以及其他条线的负责人组成。从以往的管理中发现幼儿园的中层干部仅仅起到了上传下达的作用,其个体的领导功能难以体现,尤其在教学管理方面。由此,我们决定以年级组长和教研组长为主,把中层管理队伍拓展到骨干教师和科研组长,明确其岗位上的管理职责,创设空间充分发挥她们的专业智慧和管理智慧,并在此过程中推动她们自身的专业成长。就以"骨干引路"为例,我们根据骨干教师的教学特长成立由骨干教师带教的教学核心社团,通过骨干教师与其带教的社团成员之间在内网上的信息交流进行相关领域的教学研究。这种方式不受时间、地点、人员限制,能够在骨干教师的引领下,带动教师经常性地交流研究,集思广益,同时又激发了骨干教师提高自身专业水平的积极性,在带教的过程中成长为"术业有专攻"的专业人才。

第二条经验是激活团队智慧,提升教师的专业化水平。面对新课程,每一个教师面临的挑战和问题都不一样,如果同伴之间有一种相互支持的机制,那么教师之间的相互启发对专业素质提升将非常有实效。因此我们尝试利用网络把个体的教师连结成"合作共同体"。首先,通过自主式培训有效提升教师专业能力。在实施课题过程中,我们把网络作为幼儿园开展师资培训的一个有效途径。在实施二期课改的过程中,我们发现在师资发展上存在一个问题:能力强的教师不断进步,而能力弱的教师却有点停滞不前。为了让强者更强,弱者也强,我们尝试运用网络弥补差异。其次,实现资源共享,互助培训。由于将教师的各类计划发布于网上,教师们每天可以相互学习,相互借鉴好的教学策略和方法。这其中就是很好运用了网络进行园本培训。骨干教师可以借助网络更好地发挥她们的教学引领作用,由她们制定的活动计划为幼儿园教师、特别是新教师提供了一定的参考性。最后,借助网络教研,互动解惑。在内网上

---

① 冯大鸣.美、英、澳教育管理前沿图景【M】.北京:教育科学出版社,2004:58.

我们开辟了新教师成长社团栏,定期向新教师发帖,指导新教师观摩某一教学活动,围绕观摩的重点和问题,通过"跟帖"的形式提建议、说想法,以此来提升新教师的看课、评课和反思能力。在研究过程中,我们教师存在许多困惑,于是我们在论坛上建立"区域活动困惑大家谈"栏目,定期在网上召集教师提困惑,寻策略。通过思维碰撞、经验分享、灵感激发,逐步提高教师驾驭活动的能力。

整个研究卓有成效,一是实现了专题研讨交互化。网上教研改变了传统教研在时空、内容、方式上的制约和单一性,使研讨内容更深入、研讨时间更持久,研讨的范围更宽泛。二是实现了教学研究即时化。改变了传统课堂教学研究,评课受时间、地点因素的影响,网络环境下的课堂教学研究不仅及时、省时,而且有效。

其次,让交互式的集体备课直指教师教学实践。备课是教学活动的关键环节。为了保证集体备课的质量,弥补传统集体备课的缺陷,我们充分利用网络加强对集体备课的管理,探索了网络环境下备课组的运行模式。

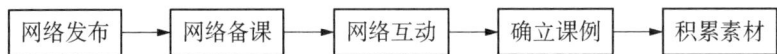

网络发布 → 网络备课 → 网络互动 → 确立课例 → 积累素材

网络发布是每周一备课组长确定集体备课的内容,上传校园网"备课组"专栏中。网络备课是教师围绕备课组长提出的讨论点初步形成教学思路,发布在校园网上。网络互动是老师们围绕备课思路进行网上争鸣,备课组长进行梳理和提炼,形成有问题研讨的教学课例。确立课例是一周后组织集体现场备课,备课组长引领组内教师围绕网络论坛的信息进行集体备课研讨,共同分析教材,思考教学策略,共同确立教案。积累教材是研讨修改后的教案上传校园网的资料库,形成园本教材。

这里的研究也取得了显著的成效。一是思维碰撞,百花齐放,提升教师设计活动的能力。每位教师可以随时吸纳和整合众人的意见,对原有的教学设计进行必要的调整。组内教师共享教学设计的成果,并充分利用网络平台交流教学得失。这种没有时间限制、没有空间约束的集体备课充分而有效,使教师脑力资源得到共享,教学个性得到培养,教学差异得到互补,让教师不断获得成就感和满足感。二是问题教研,深入思考,提升备课组长的指导能力。备课组长在解读教材、分析教师回帖的过程中不断提炼问题进行深入思考,由此而提升自身的反思能力和归纳能力。

再者,动态式的教研活动直面教师教学问题。传统的教研活动存在着一些弊端,如跨组间的交流不够;教研方案设计限于组长个人的思路;每次教研活动前组员的参与度不高;在有限的时间内不能进行深入研讨;管理者对每次教研活动了解不够等。这些因素在一定程度上影响了教研活动的质量。网络环境下的教研备课可以充分利用校园网跨越时空的特性,让教师不受时空限制进行互动交流,可以弥补传统教研的一些缺憾。经过多年的实践,我们初步形成了网络环境下教研备课的新模式。

网络备课 → 网络互动 → 修订方案 → 实施方案 → 总结梳理

网络备课要求各年级组长在每次教研活动前,先进行教研备课,并提前发布于校园网上。网络互动是园长、业务园长、其他组长、教师根据教研组备课内容利用"评论栏"和"BBS"留言板与其沟通、交流、提建议、谋策略。修订方案是组长根据留言建议完善、调整方案,确定教研第二稿方案。总结梳理是活动结束进行总结梳理。

此阶段取得两项成效。一是智慧集体化。每次的教研活动方案都经过了大家的互动交流,在预设与生成中教研方案得到了完善,变组长个人的思路为集体智慧。这样既保证了每次教研活动的成效,又可以事先让教师对每次教研活动的整个过程做到全面和清晰的了解,充分做好教研前的预习和准备,让教研现场变得有话可讲,让教研氛围变得热烈。提高了教师参与教研活动的热情与积极性。二是互动随时化。与组长的沟通能做到随时随地,不受时间、地点等客观因素的限制。三是问题解决效率高。园长、组长、教师能第一时间调研、及时发现教研活动前存在的问题,做到发现问题及时解决。

第三条经验是加强课程建设,提高课程的领导力和执行力。随着教育改革的不断推进,如何加强园长的课程领导力、提高教师课程的执行力又是我们不断思索的问题。为此,我们有效利用校园网开展了我们的实践研究。

首先,落实课程管理运行模式。

```
┌──────────┐   ┌──────────┐   ┌──────────┐   ┌──────────┐
│网络发布课程│→ │课程小组现场│→ │课程小组  │→ │网络发布课程实施│
│调研计划  │   │调研      │   │研讨会    │   │调研情况  │
└──────────┘   └──────────┘   └──────────┘   └──────────┘
```

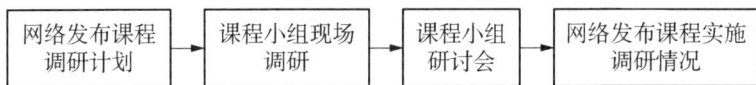

在上述运行模式中,我们充分利用了校园网开放性的优势做好课程管理的第一步(网络发布课程调研计划)、第四步(网络发布课程实施调研情况)的工作。网络发布课程调研计划是每月、每周我们利用网络发布课程的调研计划,让教师和条线负责人有明确的课程目标。网络反馈课程调研情况是每周课程领导小组将各条线调研的情况进行汇总、研讨和分析,指出各班、各条线一周课程亮点、问题,同时提出一些建设性的建议,引导教工进一步优化保教质量。

从月、周课程实施管理计划的公布到课程实施调研情况问题对策的公布,我们做到让每位教师第一时间知晓课程实施的情况,通过及时地了解和浏览调研中的问题以及课程领导小组的建议,老师们能对照自己的教育教学行为进行自我检验与审视,不断优化自身教学行为,从而提高对课程的执行力,省去了召开集中反馈会议的时间,提高了教学管理的效率。真正让课程管理从"无轨"走向"有轨",变"无形"为"有形"。

其次,实现课程资源的重组和再生。第一是课件的选择与再创作,随着资源的不断叠加和信息获取途径的便捷,教师在开展主题教学时不再为找不到课件而犯难,苦恼的是教师常会为缺少适合自己教学所需的有关课件而犯难,于是我们又建立了相应的素材库,将一些主题中需要的图片素材、音效等上传,让教师可以根据自己教学所需重组,为教师提供再次创作的机会,给了课件制作以再生的机会,满足教学所需,优化资源库的功能。第二是教案的借鉴与再设计。每学期末我们将教师网上的各类计划打包后发布于历史网站中,还把教师外出学习的内容和心得发布在"园外培训"栏目中,教师可以从中借鉴好的教学策略和方法,在此基础上根据自己班级的幼儿情况进行再设计。第三是图书的推荐与借阅。我们幼儿园有兼职的图书管理员,她会根据每阶段各年龄段开展的主题活动以及近阶段学校开展的各类活动(环境布置、节日教育、专题研究等)利用校园网进行"好书推荐",将精彩画面和简介制作成 PPT 发布于校园网上方便教师的及时浏览,利用 BBS 论坛功能进行预约借阅登记。同时教师也可以根据自己教学所需,利用校园网进行发帖,寻求帮助,图书管理员根据教师提出的帮助推荐教师所需的相关教学用书,这样既方便了教师的教学工作,又省去了无谓查找资料的时间,大大提高了教师教学的效率。随着研究的不断深入,我们将充分利用校园网挖掘"资源"这块宝藏背后的最优效益,将资源的利用伸向另一个尚未开发的领地——文献资料的收集和管理,我们将聚集专家、学者以及教育界同行的智慧,将各类有价值的文献资料梳理成资料包发布在校园网上为教师的研究工作提供理论指导和依据,提高教师的研究能力。

在这次的改革中,以课题形式卷入教师是改革的主要方法。全园通过课题的研究,找到自己的定位、思路,完成相应的工作。作为幼儿园的管理者,要摒弃以往"自上而下"的工作思路,而是应该想办法让改革成为"自下而上"的事,从"要你做"变成"跟我做",调动教工的积极性,最大限度地发挥每一个人的主动性和工作热情。

第三节 把科学管理与弹性管理融合在过程中

教育的使命在于发现和挖掘每一个孩子的天赋潜能,为他们的个性发展提供均等机会,让他们成为独一无二的"自己"。在这一使命的驱动下,我们树立了"尊重儿童的主动选择,挖掘儿童的优势潜能,促进儿童整体和谐发展"的课程理念。在掌握和分析我园幼儿发展需求的基础上,我们对国家课程进行了重构并加以丰富,逐步形成了我园"我的课程"体系。

"我的课程"是立足幼儿个体,在充分把握幼儿生理、心理、认知、社会性发展特点和规律的基础上,以满足其发展需求为导向而规划的课程目标、内容、组织形式、实施计划等,即为幼儿个体量身定制的课程。它包含了三个维度的课程:普适性课程,即满足3—6岁幼儿年龄身心发展规律与特点共同需求的课程;菜单式选择性课程,即依据幼儿学习兴趣、知识能力、情感态度差异需求而设计的课程；微型课程，即依据幼儿个体的特殊需求设计与实施的课程。

鉴于此，"我的课程"的规划和实施改变了以成人的视角为幼儿确定课程的习惯思维，体现以儿童需求为导向的课程观，凸显幼儿的主体地位，把学习和发展的自主权还给幼儿，这一改变无疑满足了当下教育转型的需求。

一、"我的课程"管理的变革刻不容缓

课程发生了改变，课程管理也必然随之而变化。原来自上而下控制型的管理模式已无法适应 MY 课程体系的持续发展。MY 课程是基于满足幼儿发展需求而构建的课程，它需要科学、弹性和过程性的管理，详细说来这样的管理具有以下特点：

首先，科学研究引领课程规划。以满足幼儿发展需求为前提的 MY 课程首先需要科学地把握幼儿的发展需求，即需要变基于经验的了解为基于数据的研究。只有科学地研究幼儿不同层次、不同类型的发展需求，才可能有针对性地规划课程，为每一个幼儿提供适宜、优质的教育服务。

其次，开辟弹性空间保障课程实施。幼儿的发展需求门类全面而富有个性。面对一个个灵动的生命个体，我们的课程实施应该是一个存在着各种可能性的运作体系，而不是毫无协商余地的"照本宣科"。以往千人一面的课程实施，淹没了幼儿的发展个性，不同孩子在同一时间以同一方式接受同一内容，这显然无法满足幼儿个体发展的需求。只有开辟弹性空间才能让幼儿的个体需求获得发展机会。

其三，过程性评价贯穿始终。MY 课程的构建旨在通过适宜的课程发现和挖掘每一个幼儿的优势潜能，填补弱势区域的发展空缺，最终促进幼儿整体和谐发展。此外，幼儿的发展是一个不断发展变化的过程，具有鲜明的阶段性特点。结果性评价容易导致"贴标签"现象，严重阻碍了幼儿身心健康的整体发展。因此，MY 课程需要的是过程性、形成性的评价，不仅对于幼儿的学而且对教师的教给予过程性的评价指导，让课程的运转形成螺旋上升的良性循环。

二、MY 课程管理的变革之路

(一)课程规划：变行政控制为专业引领

在课程规划工作中，课程目标的重构始于幼儿发展需求的研究。在课程园本化研究之前，我们直面的最大问题是教师对课程目标难以把握，各类计划中的目标停留在空泛表述，各个阶段培养任务模糊不清。此外，教师对幼儿的发展需求缺乏科学、客观的把握和理解，仅仅是基于经验的"估计"。为此，我们决定摒弃上传下达、完成任务式的课程规划思路，引领全体教师开展幼儿发展需求的研究，在研究的基础上科学地重构课程目标。

我们和老师们一起深入解读《3—6 岁儿童学习与发展指南》《上海市学前教育课程指南》，同时不断学习国外 3—6 岁儿童学习发展标准的相关文献。此外，我们通过班级日记，儿童行为的时间取样和事件取样以及行为检核等方法，让老师们在常态教育活动中持续收集孩子们的行为表现，与国家教育指南进行对照、印证，从中梳理和归纳本园幼儿共同的发展需求，部分幼儿的发展需求以及个体幼儿的发展需求。在此基础上，我们对国家课程目标进行分类、重组和细化，形成具体、可操作的 MY 课程目标。

课程目标重构的过程就是研究幼儿发展需求的过程。老师们纷纷反映"有了'接地气'的课程目标我们带班心中有底了"。掌握了科学的方法，老师们对幼儿发展需求的把握摆脱了经验层面的"估计"，变成了基于数据的理性认识。最难能可贵的是老师们逐渐形成了持续关注幼儿发展需求的专业习惯和素养。

其次，课程内容的丰富始于幼儿发展需求的满足。幼儿发展需求的研究让我们意识到原有课程内容难以满足幼儿多样的发展需求。因此，对课程内容的顶层设计不能一味地追求完成行政任务，而应更多地呼应幼儿不同的发展需求。通过丰富课程内容，为幼儿的优势潜能搭建发展平台的同时推动弱势区域的联动发展。为此，我们组织教师联合家长的力量调查幼儿的学习兴趣和学习风格。以此为依据设置了动态发展的菜单式课程，如小设计师、小画家、小探索者等，让中大班幼儿根据自己的兴趣，自主选择活动内容。相对于基础课程而言,菜单式课程内容更为灵活机动,我们依据不同时期幼儿的关注热点进行持续的动态调整。在调整过程中,教师们不断加深对幼儿身心发展规律和学习特点的理解。课程规划再也不仅仅是幼儿园行政领导的事情,而成为了教师、家长和幼儿共同参与的活动。管理者最核心的角色不是行政控制,而是科学的专业引领。

(二)课程的实施:变统一步调为弹性实施

在课程的实施中,首先应当设置自由空间,还儿童自主发展的权力。深入研究幼儿的发展需求后,我们发现日常课程安排仍然缺少弹性,其实幼儿的发展需要有自主支配的时间和空间,当幼儿有了发展自主权后,各种奇思妙想将层出不穷。由此,我们为孩子们创设了每日六十分钟的自主发展空间:二十分钟户外探索,二十分钟自由谈,二十分钟自由阅读,把一日活动的时空与大自然、社会以及书本世界进行链接,让每个孩子都能在广阔的空间实现具有个性的自主发展。教师在此过程中更多地以陪伴者、观察者和引导者的角色出现,为发展能力弱的孩子提供更加细致入微的"脚手架式"帮助,为能力强的孩子设置"挑战"。让每一个孩子在自由的空间里根据自己的需要获得自主发展的机会。

其次,应当动态调整班级计划,还教师课程实施的自主权。幼儿的发展是一个不断变化的过程,有的变化更是瞬息万变的。我们习惯性地照本宣科实施班级计划使课程实施僵化,无法充分利用生成性的课程资源,最终导致难以满足幼儿处在变化中的发展需求。另外,还有一个附带的后果:教师在实施课程时缺乏积极的思考,很大程度上阻碍了教师的专业成长。有鉴于此,我们决定把课程实施的自主权下放给教师。在权力下放的同时为老师们提供动态调整班级计划的指引。在幼儿自主发展的空间里,教师往往能捕捉到有价值的生成性课程资源。教师在评估和筛选这些生成点时,我们通过思维导图给予教师指引,让教师通过与课程目标的对应准确定位生成内容的价值点,并在现有的课程资源中寻找相匹配的课程内容,并根据幼儿的学习方式选择适宜的方法实施生成性的班级计划。

班级计划的动态调整从根本上改变了"千人一面"的教育模式,让教育更适合每个班级幼儿的发展需求。幼儿个体的发展因此而变得灵动,充满活力。让教师逐渐具备灵活实施课程的专业素养,满足幼儿的需求得到了全面有效的落实。

(三) 课程的评价:变结果为途径

在课程的评价中,包含对教师的评价——诊断性和反思性评价为主导。对教师课程实施的评价,我们不断细化各类课程实施评价指标,完善教师案头计划、材料投放、环境布置、幼儿活动现场的评价标准。并通过诊断性他评和反思性自评的形式,优化教师的教育策略和行为,持续提升课程实施质量。

诊断性他评:强调评价的过程性和发展性,管理层通过建立每周课程评价反馈机制,既通过每周课程现状调研、每周课程实施反馈报告的机制,及时收集课程实施的情况,每周对教师实施的课程进行过程性的分析、诊断、评估,针对问题提出改进对策,让教师自主学习、自行完善。诊断性的评价提高了教师自主学习、自主评价的能力,加强了课程的过程管理,切实提高课程实施的质量。

反思性自评(互助式自评):建立每周课程实施自评机制,每周每班三位保教人员根据课程实施的评价指标进行讨论、分析,发现幼儿园课程实施中的亮点和不足,及时反馈调整。这种小团队式的自评机制,让教师不断在学习他人、反思自我的过程中得到专业发展,提高教师实施课程的专业自觉和专业能力。

其次,对幼儿发展的评价——过程性和表现性评价为主。关于幼儿发展水平的评价,我们采用班级自评与园级测评相结合的方式进行,通过过程性评价和表现性评价等形式,持续掌握幼儿的发展进程,并以此为依据调整课程的规划和实施。

过程性评价:教师以幼儿发展检核和日常观察记录表观测每个幼儿的发展情况,做好过程性的发展评价。园级以不定期观测的形式每月开展不同项目的检测与评价,如对幼儿礼貌、洗手、进餐、午睡、擦脸、漱口、倾听等日常行为习惯进行检测与评价,并将评价结果与教师沟通,促使各班教师了解幼儿发展情况,完善过程性指导。

表现性评价:以年级组互评的方式开展各年龄段幼儿的表现性评价。根据幼儿的年龄段特点和不同时期的课程目标,我们设计适宜的表现性任务,通过视频观察和现场观察,记录和汇总各班幼儿的观测数据,最终形成各班幼儿发展的评价结果。在此基础上,分析幼儿发展过程中存在的共性问题和个性问题,形成幼儿整体发展水平状态的总结报告。

总而言之,课程评价不是把教师"分等定级",更不是给幼儿"贴标签",而是为了更好地实施课程,让课程规划、课程实施和课程评价的三大环节形成螺旋上升运转的良性循环,最大限度地满足幼儿的发展需求。

卢梭在其名著《爱弥儿》中说道:"什么是最好的教育?最好的教育就是无所作为的教育:学生看不到教育的发生,却实实在在地影响着他们的心灵,帮助他们发挥了潜能,这才是天底下最好的教育。"要做最好的、满足幼儿发展需求的教育需要科学的课程管理保驾护航。有效的管理绝不是少数人的参与,应该是幼儿园全体人员的共同参与。多元、动态的管理才能为幼儿园课程建设注入更多的智慧和活力。

第四节　树和人一样有灵魂

"十年树木,百年树人"。实验幼儿园 50 多年的办园历程,仿佛就像一棵茂盛的大树,孕育出一朵朵苗壮的新苗。回顾过去的五年,全体实幼人在"树文化"的滋养中,追随儿童成长的脚步,倾情于教育改革的浪潮,打造了以幼儿发展为本的 MY 课程,积淀了丰硕的课改成果。

一、树之魂

树和人一样有灵魂,一旦种下了梦想和希望的种子,必定能收获富有灵魂的参天大树,而实幼"树文化"的灵魂凝聚了实幼人追求教育创新的理想,并且为之而不懈奋斗。

习近平总书记在北师大师生代表座谈时曾引用德国哲学家莱布尼茨的名言："世界上没有两片完全相同的树叶"。"一个孩子一个世界"是我们孜孜追求的教育蓝图。为此,我们基于"为了每个幼儿健康快乐的成长"的办园理念,奏响"让每个孩子绽放精彩"的新乐章;我们基于"让幼儿过好在园生活的每一天"课程理念,践行"唱响自己,玩出自我"新篇章。

我们追求的目标:一是培育品质幼儿,二是建构品质课程,三是培养品质教师,四是实行品质管理,五是打造品质文化。

二、树之壤

没有肥沃的土壤,就没有参天的大树。大树的成长离不开土壤的滋养。在实幼,课程就是滋养幼儿成长的土壤,为孩子们的发展源源不断地供给养料。

"十二五"期间,我们构建了 MY 课程的体系,以课程建设助推幼儿的发展。"十三五",我们围绕市级课题《基于幼儿学习发展需求的"我的课程"规划和实施》开展 MY 课程的实证研究。

1. 开展解读儿童学习需求的 MY 课程统整研究

围绕目标:解读儿童发展需求,构建以"满足儿童发展需求,以幼儿为学习主体,以活动体验为学习过程的共性与个性相融合"的课程体系。我们着力开展三个方面的研究:一是基于全体幼儿共性学习需求的普适课程研究;二是基于部分幼儿学习需求的菜单课程研究;三是基于每个幼儿学习需求的个性课程研究。

2. 开展基于实证的 MY 课程活动创新设计

建构课程实施的创新路径,设计"五环"活动模式,即发现——发现儿童在某场景下的行为;解读——基于场景,解读儿童的学习需求;设计——基于儿童需求的活动设计;实施——基于儿童需求,开展灵活多样的活动;评价——基于儿童需求的有效评估。引导教师从儿童发展需求出发建构课程,设计科学有效的各类活动,提高教师课程实施的创新能力,让课程追随儿童的发展。

3. 研发 MY 课程观察与分析的工具

基于"儿童的基本经验",研发儿童基本经验的评价指标和行为检核表、儿童需求评价指标和儿童需求满足的行为检核表等。研发儿童活动行为的观察、分析工具,让教师科学有效解读幼儿的行为,开展基于实证的保教实践改进行动,确保 MY 课程的游戏活动有效实施。

4. 以项目为纽带开展团队合作研究

由骨干教师领衔,建立项目研发团队;由教师自主选择,开展结伴研究;建立专家"一对一"的定期指导,确保项目运作的高质量。未来 5 年共有 15 位骨干领衔 12 个项目研究,出版 5—6 本书刊。

其中,重点项目有两个:第一,以"科趣"为主题的特色系列活动。项目目标是以丰富多样的科学探索活动为载体,激发幼儿的科学兴趣,提高幼儿科学探究能力。项目措施包括:(1)开展"科趣"主题探究活动。探索和建立以科趣阅读活动、科趣实验操作、科趣观察活动为主体的科趣系列活动。重点开展"让孩子亲近自然的户外探索活动",让孩子们亲近自然、热爱生活,充分感受大自然的趣和美。(2)整合园内外科技教育资源。建立园外科技活动实践基地,制定科技实践活动方案,形成基地教育与幼儿园科学课程融合的长效机制,不断激发幼儿的科学兴趣、想象和创造力。(3)构建"科趣"启蒙教育系列活动。集全体教工智慧,共同开发、构建幼儿园"科趣"启蒙教育园本系列活动。第二,"立体阅读"系列活动。项目目标是培养爱阅读、会阅读、乐阅读的幼儿群体。项目措施包括:(1)深化"立体阅读"研究活动。在进一步深化集体阅读、图书馆阅读、阅读区、图书漂流、亲子阅读的基础上,重点推进"每日 10 分钟阅读活动",让每一个孩子像爱玩具一样爱图书,像爱游戏一样爱阅读。(2)建立"立体阅读小书童"APP 平台。按照三个年龄段特点,分别录入相应的配音电子书,并在每一本电子书下开通语音评论,记录每个幼儿的阅读感受,使孩子阅读过程更具童趣。(3)梳理一套"幼儿睡前故事"录音资料。按三个年龄段特点,充实相应的配音故事资料,让孩子能在美好的故事情景中进入梦乡;(4)优化"立体阅读"环境创建。设立"科技主题"

"艺术主题"阅读墙面,定期更换主题内容,创建融科技、艺术一体的博物馆式的阅读墙面。

三、树之蔓

千藤盘树,翠蔓绕枝,无数枝蔓依偎在大树上,向不同的方向伸展着,就像教师的一双双手,承载着课程改革、儿童发展的使命,真正成为课程改革发展的助推器。我们将重点开展二大项目的研究:

项目一:"情境式"园本研修机制的实践探索

该项目目标是以教师专业提升为目标,开展基于问题的情景式园本研修,创新园本研修机制,形成行之有效的园本研修新模式。(1)深化自主和合作相结合的研修方式。以促进教师专业成长为基点,围绕问题情景,开展实证教研,不断拓展教师应对新问题和新情境的专业知识和能力,提高教师的创新能力,同时把管理的自主权交给教师。(2)优化分层式教师社团。以"促进每一位教师自主发展"为目标,组建骨干教师、青年教师、经验教师、见习教师社团,形成教师专业发展梯度机制。完善教师实践研究的专业进阶式标准,在提高整体师资专业水平提升的同时,促进幼儿园高端人才的培养。

项目二:园本式"保教实践自评体系"的构建

该项目目标是以保教融合为基点,建立"保教实践自评体系",强化自评机制在保教实践活动中的激励功能,提升幼儿园保教管理品质。(1)编制保教过程精细化管理导则。完善幼儿园一日保教活动操作细则,建立幼儿基本经验三级评价指标体系和幼儿基本经验检核表,优化各类保教活动的评价标准等。编制一套科学、完整的保教过程精细化管理导则。(2)研发"三级"保教质量评价和分析系统。建立自下而上的"班级—教研组—园级"三级一日活动自我调适改进机制。围绕幼儿基本经验和行为检核表,开展对幼儿发展的过程性评价。准确把握每一个幼儿的素质能力的发展态势,组织开展满足儿童当前发展需求的课程活动。(3)探索"数字化"评估系统的运作。开展基于大数据下的儿童学习与发展的分析和监测活动,创新和变革儿童发展的评价方式。

四、树之叶

阳光、雨露下,生长着五彩绚丽的树叶。香樟叶是绿色的,银杏叶是黄色的,枫叶是红色的。瑞吉欧教育告诉我们:儿童有一百种语言,"一百"象征着幼儿的不同气质、不同个性、不同经历。实幼之树期待着每一片小树叶的个性成长,绽放着不一样的精彩!

展望未来,全体实幼人将继续凝心聚力,让实幼之树枝繁叶茂,充满蓬勃生机,孕育出教育改革的累累硕果!

第五节　早教指导中心管理有方法

我园的早教指导中心自 2004 年创办以来,一直致力于从事 2—3 岁的托班早期教育和 0—3 岁婴幼儿家庭的公益活动。在开展托班教养活动的初期,我们面临以下问题:一是国家和地方没有出台相应的教师参考用书,活动内容缺乏系统性、科学性;二是教师缺乏精准解读幼儿行为和设计组织系列活动的能力;三是家长重认知,轻能力习惯培养,盲目选择亲子园,对幼儿缺乏高质量的陪伴。其实,早教指导中心管理有方法。

一、以研究为"魂"、实践为"径",形成完整的系列早教活动

为了解决这些问题,我们对《2—3 岁婴幼儿教养活动》试用本的教师参考用书进

行解读与实践研究。

（1）解读教参、领会教参

认真解读《婴幼儿教养活动》，从目录上看，教参分为适应、发展和托幼衔接三个阶段，整个编排以幼儿入托时间为主线，具有科学性；从内容上看，教参将生活、学习、游戏、运动四大活动融为一体，注重整合性；从活动方案上看，教参注重生活化、操作性。

但在实际使用教参过程中，我们发现了以下问题：一是如何把节日活动有机融入？二是如何充分考虑教参活动的适宜性、安全性、过程性、普适性、递进性？

为此，我们仔细研读教参，并结合实践对活动内容进行重构和完善，使其更加适宜幼儿的发展需求。

（二）基于需求，调整结构

1. 分解活动，合理"分秧插苗"——将教参内容融入一日生活

水田中的秧苗，长到一定高度时，需要分秧插苗，这样才能长得更粗壮有力。同样，教参中的活动，包含了许多有价值的点，为了让每一个点得到更充分实施，我们精心设计，将它们融入到一日活动的各个环节，如"乘火车"中我们将收集各种盒子放在生活活动中完成，在运动中进行开火车、运货活动；区域游戏中让幼儿装饰火车。

2. 统合教参，实施"间作套种"——将教参内容分解、整合

所谓"间作套种"就是充分利用资源，运用空间结构原理在同一土地上种植不同植物的方式。在实施教参的过程中，我们也常常发现，在不同时间段，不同活动中出现相类似元素，造成部分活动点重复，材料准备重复等问题。因此我们通过教研活动进行研讨，整理了《同类活动分解、整合实施表》，统合实施，如将"大树高高"和"玩树叶""小鱼找妈妈"中的指认不同的树、观察树叶的大小、颜色和形状等认知内容合并。

3. 梳理教参，进行"整枝修叶"——将教参内容替代、补充、调整。具体做法有三，

第一是"替代"：配套教材的缺乏，如："袜子"没有相应的配套图书，教师采用故事妈妈围兜替代图画书的方式进行。关乎幼儿安全的用品如小粒食品，对小年龄孩子存在安全隐患，不宜食用，进行替换。第二是"补充"：教参的完善补充，如"我的家庭相册"，在准备中补充告知家长亲子制作相册的意图与制作要点。第三是"调整"：活动的定位调整，如"玩水"在目标定位上：原来的"感知水的特点"改为"乐意使用各种工具玩水，体验玩水的乐趣"；操作提示中将对幼儿的提问改为老师对幼儿新玩法的欣赏上。

4. 完善教参，形成"枝繁叶茂"——优化课程体系

我们优化课程架构，把课程内容的三个时期更细化为涉及领域、活动方式、时间安排，形成较完整的2—3岁婴幼儿教养活动的课程体系，使每个教师实施课程更为科学有效。

二、以需求为"根"、发展为"本"，科学规划成长空间

（一）基于幼儿生理和心理发展的需求，创设生活环境

首先，考虑幼儿的空间需求。每位幼儿的活动空间以 $2.4\,\mathrm{m}^2/$ 人为宜，当游戏空间密度降低到 $1.2\,\mathrm{m}^2/$ 人时，幼儿攻击性行为会增加。为此，我们"删除"大面积的集体活动区域，利用"插入式"小集体活动地点的随机性，选择一些空间较大的区域开展活动。如，建构区的地垫等，这样既节省了空间，又有效利用了空间。其次，"链接"可利用的公共空间。在确保保教人员观察到位的基础上，将活动室的空间与公共区域进行链接，使幼儿拥有更开阔的活动空间。如把餐厅变成了"秀舞台"，整个餐厅便成了一个可以施展风采的表演区。

其次，关注幼儿动作发展需求。2—3岁幼儿大肌肉发展迅速，精细动作尚未发展完全，幼儿喜欢尝试大肢体动作，例如拉、推、爬等，喜欢抓握但力量尚不足。为此，在区域设置上创设了情景式动作发展的体验空间区域，使幼儿大动作得到更好发展。如创设了情景式拉拉区，提供了各种"拉"的玩具，有从下往上拉，有从里往外拉，丰富幼

儿关于"拉"的体验;同时还整合了其他动作的发展,如掏蛋、喂小动物等动作,使幼儿在与材料的互动中,动作得到全面均衡的发展。

再者,理解幼儿依恋的需求。2岁幼儿对亲近的人或物有强烈的情感依恋。尤其在9—10月份刚入园,幼儿还处在分离焦虑期,我们为幼儿提供了一个相对私密的空间,帮助幼儿度过适应期。如为了满足幼儿的依恋需求,我们在室内创设小帐篷,里面放置幼儿家里带来的玩具、毛毯,这些物品都是幼儿的依恋物,当他们想父母时,可以自由的拿取这些依恋物拍拍抱抱,满足幼儿的情感需求。通过这样的环境创设,既给了幼儿情感宣泄的空间,也为幼儿提供了一个相对私密的空间,帮助幼儿度过适应期。

(二)基于幼儿发展需求,创设适合的游戏环境

首先,满足幼儿直接感知的需要。2—3岁幼儿喜欢反复触摸、摆弄物品。他们通过多种感官探索了解周围世界。教师首先满足幼儿感官的需求,如通过自制触摸墙、在娃娃家提供不同触感的工具等,为幼儿提供不同材质、不同触感的生活化材料等方式,使幼儿在与环境、材料的互动中感知不同的事物,积累经验。

其次,满足幼儿操作探索的需要。2—3岁幼儿的探索兴趣常是因物品发出声响、会活动所引发的。色彩鲜艳、有声响、会动的物品特别能引起他们的注意和喜爱,使他们能主动去认识环境,投入活动。如教师自制漏斗玩具,运用大大小小的勺子、杯子,将框里的小球放进漏斗里观察小球能从漏斗里掉的情况。过程中,幼儿感受到球的大与小,发现了勺子大小与球的多少的关系。

再者,满足幼儿社会性发展的需要。2岁儿童由于动作、语言和认知能力的发展,扩大了社会交往的范围,逐渐习惯与同龄伙伴及成人的交往,但在交往中带有明显的自我中心倾向,如在与小朋友玩时常常会抢别人的东西,不能满足时甚至会抓咬别人。这与玩具配备的多与少有直接关系。

如在区域游戏中投放玩具种类多和数量多,幼儿要在短时间里接受大量不同种类的玩具,往往会产生混乱感,且多数幼儿始终处于操作摆弄状态,与同伴和成人间的互动减少,不利于幼儿社会性的发展;其次,玩具种类少、数量少,容易导致幼儿对玩具兴

趣减弱、丧失游戏兴趣，还容易引发幼儿间争抢玩具。因此，材料投放既不是越多越好，也不是越少越好，应根据本班幼儿的实际情况，筛选适合当前幼儿发展经验和兴趣点的材料，遵循种类少，同种类玩具数量适宜，能够满足班级儿童平行游戏需求的原则。另外，材料投放要增加互动多的玩具数量，既满足幼儿社会性发展需求，又能避免幼儿间的争抢。

三、以成长为"靶"、体验为"弓"，有效实施活动

我们把握幼儿的年龄特点，抓住活动价值点，科学灵活实施教养活动，有效把握幼儿经验获得的时机。

首先是生活习惯重养成。根据托班幼儿的年龄特点，尊重、顺应幼儿自然的生理节律，我们加强生活护理和养成教育。结合"洗手、喝水"等活动，在音乐、儿歌、指导语、图示引导下，注重随机教育，充分调动幼儿各种感官，让他们更直接习得生活经验，体验自我服务的愉悦。

其次是运动锻炼重户外。2—3岁幼儿动作发展进入了一个快速发展的关键期。为此，我们充分利用周边环境和阳光、空气等自然因素，开展适合幼儿身心特点的户外游戏和体格锻炼活动。如幼儿园前面的银杏公园有各种材质的路，结合教参"走特别的路""推娃娃车"的活动要求，孩子通过小脚感知不同的路面，在不同路面上推着娃娃车前行，体验运动与发现的乐趣。幼儿园得天独厚的自然条件提高幼儿对运动的兴趣，促进了幼儿动作发展。

再者是游戏活动重观察。根据托班幼儿喜欢独自游戏和平行游戏的特点，我们开设了模仿性、操作性强的、有利于情绪稳定的平行游戏。如娃娃家，幼儿可以在红红家、兰兰家一起玩抱娃娃、摆弄餐具等。教师重在观察幼儿游戏，解读幼儿游戏行为，判断并把握幼儿游戏需要及各类发展需求，动态调整游戏材料或当陪玩者，来支持幼儿的游戏。

最后是学习活动重参与。由于托班幼儿有组织的活动时间不宜过长，活动方式灵

活多样,学习活动以个别、小组活动形式为主。我们充分利用生活中的真实物品,如玩大小、长短、粗细不一的纸芯筒,积累物体大小、形状等属性的经验。幼儿在摆弄、操作物品的过程中,获得各种感官活动的经验。

四、家园协同,开展科学育儿

(一) 基于行为检核表,开展个案研究,提高家长育儿水平

为了提升家长科学育儿水平,加强家园合作力度,确保幼儿获得健康发展。在开展个案研究时,我们发现,家长和幼儿园的同步合作、持续配合对幼儿各方面的行为改善尤为重要,尤其是2—3岁的幼儿在良好生活习惯的养成方面特别需要家长的配合。因此,我们将家长引入到个案研究中,针对生活领域,例如吃饭、盥洗等方面,与家长一起研讨幼儿在家和在园的行为表现,并尝试理解幼儿行为背后的原因。同时对幼儿行为进行分析,形成行为检核表,帮助家长用专业的视角观察幼儿的行为。结合幼儿表现,与家长一起定期分析行为检核表,确定个别化教育内容,家园同步进行教养活动。

(二) 研制"游戏流动盒",传播科学育儿方法

我们研制"游戏流动盒",在家庭中传递流动的盒子。"游戏流动盒"的内容包括在家庭中开展亲子游戏所需的活动材料;"流动盒"的使用手册;家庭亲子游戏的活动方案推荐材料;家长开展亲子游戏后的反馈、创意玩法、新增补充材料等内容。

"流动盒"可以丰富家庭亲子游戏的内容,指导家长在家庭中开展亲子活动,通过同辈间相互学习与影响,实现教师与家长、家长与家长之间优秀教养经验的传递与分享,使不同类型家庭的家教理念与方法均有不同程度的提高,让家教指导的方式更丰富、多元,从而提升家长教养水平,促进婴幼儿健康成长。

如果说孩子是一棵树苗,那么幼儿园就是一个花园,课程是土壤,教师是园丁。花园里的每一个元素都需要完美配合,才能为树苗提供沃土和科学有效的引导与照顾,为将来枝繁叶茂的成长养育坚实的根基。

第五章

我的行知途：未来是需要创造的地方

　　未来，是一个人想去的地方；未来，是一个需要探索的地方。展望未来，激发每个幼儿的兴趣和内在潜能，满足不同幼儿的发展需求是教育转型的关键，更是我们幼儿园改革探索的新起点。面临许多挑战，我们坚信只要走好当下的每一步就会有收获。未来，让我们一步一步来……

第一节 森林与教育

园长是一所幼儿园的"首长",管好一所幼儿园,不是一件容易的事。其实,每到一所新的幼儿园,我们都是新手。今天我就借这样一个机会,谈谈我到新城实验幼儿园的感受和体会。

一、走进这片森林

首先,我想说的第一个关键词是——厚积。我们知道,"厚积"的原意是大量、充分积蓄。这是我到实幼一年最深的感受。

实幼好比是一片拥有肥沃土壤的森林,能走进这片森林,与之同呼吸、共发展,是我的荣幸。一天又一天,我深深感受着它的"厚实"。这份"厚",来自于上级领导的关怀,使我们一次次受宠于机遇的邂逅;这份"厚",来自于历任园长的智慧与带领,让我们在有条不紊中运行工作;这份"厚",来自于校园深厚的文化底蕴,给了我们无穷的工作动力。

二、寻找新的增长点

短短的一年,我已彻底融入。当我感受着实幼"厚积"的同时也逐步思考着今后的方向。如何传承? 如何发展? 如何突破? 如何将幼儿园传统的优势在新形势下转变为一个个新的增长点?

因此,今天我想说的第二个关键词是"勃"发。成语"厚积薄发"中的"薄"是相对于

"厚"而言的,意思是慢慢地、少量地流出。对于一所冲在课改浪尖的示范园来说,这未免有些保守,我要将"薄"字改一改,改成"生机勃勃"的"勃",让我们幼儿园这个大集体,在优良传统的坚强后盾下,走得更有激情,更有力量!

三、成就这片广袤的森林

那么,如何在"厚积"的基础上"勃发"呢?我觉得重点要做好四件事:

一要定好位,规划森林。今年,我们上上下下都在忙碌一件事,一件大事,那就是"新一轮的五年规划"。幼儿园的发展趋势怎样?在哪里?走向哪里?都需要一个清晰的定位。在新一轮"五年规划"制定中,我们要全面诊断、微观分析、对症入药,要精心规划好幼儿园这一片广袤的森林。这是"勃发"的坚固基石。

二要发准力,让幼儿之树苗壮生长。上海基础教育会议提出了"让每个孩子都健康快乐成长"的发展愿景。面对时代给予的任务,我们必须要找准受力点,将工作的重心落在每个幼儿的发展上。为此,我们以课题《基于每个幼儿充分发展的教育过程公平的实践研究》作为主要研究途径,让幼儿之树苗壮生长,这是"勃"发的根本目的。

三要强师资——让教师之树自主生长。教师的发展直接影响着幼儿的发展,所以,教师之树的自主生长,同样不容小觑。张扬每个教师的特长、促进每个教师自主成长并不断实现新的突破,这是我们实幼未来五年教师成长的方向。

虽然我是一名管理者,但也是森林里的一棵树。虽说自己有一点管理经验,但面对示范园高标准的要求,再加上今年"一园三部"全新的管理模式,给我提出了很大的挑战。学习、思考、突破,将是我需要坚定不移往前走的修行之路。因为,要让森林中的每棵树快乐、自主、有所突破地生长,我自己必须要长得快、长得好。我将和我们的老师共同苗壮成长,这是"勃发"的有力助推器!

四要重引领,带同行之林共同生长。作为一所市示范性幼儿园,我们要思考的是:如何进一步全方位地发挥引领辐射作用,在保教实践研究上为全区提供"学习研究、交流共享、示范辐射"的研讨平台?如何与身旁的森林共同沐浴在课改的春风雨露中,互勉共进？这是"勃发"的有效催化剂！

今后的道路任重道远,为了每一个孩子健康、快乐地成长,我将与幼儿园党政班子成员带领全体教工用心走好每一步。

第二节　今天,我们给孩子怎样的未来?

作为一名园长,在工作中我一直在思考:如何带领全园教师一起实现自我突破,而实现这个自我突破的最高境界就是看到每个孩子能健康快乐并富有个性的成长。在思考与实践中,我发现课程是关键,因为课程就是养料。我们到底该给孩子怎样的养料让每个孩子能健康快乐成长? 让家长满意,让社会放心。

一、课程设置调整,开设菜单式选择性活动

案例 1 ————————————————————————

培培、佳佳二个孩子非常喜欢画画,每到个别化活动和自由活动,这二个孩子就格外兴奋,一头栽进美工角。为了让孩子获得比较全面的经验,老师时常建议他们参加别的内容,但孩子就是不愿意,活动结束,也不愿出来。

从这类孩子的表现可以看出:幼儿有了很多个别化活动的机会,但我们的课程还是不能满足幼儿个性化发展的需求。我们该如何改变它呢?

每个人学习风格都不一样,有的偏向于听觉、有的偏向于视觉、有的偏向于动作……为此,我们根据幼儿的兴趣开设小设计师、小画家、小探索者、小建筑师、小厨

师、小运动员等10多个菜单式选择课程,让中大班幼儿根据自己的兴趣、爱好和需要,自主选择相应的活动。

活动实施初期,我们对菜单式选择课程的价值定位进行了研讨,如果过多定位于知识技能,就失去教育的最终目的。我们需要培养的是主动的学习者而不是技能的获得者。因此,每个课程的实施我们把握2个字:自主——让儿童成为学习的主人。比如小建筑师这一课程我们以"儿童计划书"为主要形式开展活动。在孩子的讨论下,幼儿确定了"美丽嘉定"这一建构主题。整个活动体现5个自主过程:(1)自主讨论建构内容:有的想搭州桥老街、有的想搭汇龙潭公园、有的想搭地铁11号线等;(2)自主寻找合作伙伴:有的3人一组、有的2人一组、有的5人一组;(3)自主设计建构图纸:从图标上可以看出不同小组都有自己不同想法;(4)自主选择建构材料:幼儿根据图纸寻找材料(当然在过程中他们不断会完善图纸和材料);(5)自主安排建构进程:幼儿尝试用儿童计划书图示符号记录方式,以个体或小组结伴的形式,分工协作,按自己的学习方式和学习速率开展活动。整个活动教师给了孩子充分的自主的权利,而教师的作用就是在环境、材料、经验上做好支持。

菜单式选择课程不仅激发了幼儿的活动兴趣,开发幼儿的独特潜能,更为主要的是幼儿的学习方式进行了转变,我们教师的教学方式也得到了翻转。但这样做是否就够了呢?我们发现虽然有了自主弹性的学习空间,但在很多的时间中,幼儿还是处在"高压"的状态。

二、课程安排调整:"Free 60"活动

案例2

户外运动接近尾声,孩子们陆续整理材料准备进教室,忽然,明明兴奋地大叫:"老师,快来看,这里有蚯蚓"。明明的发现顿时吸引了全班孩子,孩子们马上跑了过去。有的说:"蚯蚓怎么会出来?"有的说:"蚯蚓有没有脚……"此时,我们的老师很纠结,

是满足孩子当前生成的需要还是到教室开展预设好的活动？类似情况不止一次，因为我们的校园自然环境中有太多太多孩子喜欢的东西？怎么办呢？

从这类孩子的表现可以看出：我们每天的课程安排还是缺少弹性。其实幼儿需要自主支配的时间和空间，当幼儿有了自主权后，就会生发出很多自己想要的活动内容和方式。

我们决定要改变：在课程安排上进行调整，开设了"free 60"活动，即20分钟户外自主探索活动、20分钟自由谈、20分钟自主阅读活动。20分钟户外自主探索活动：我们每天安排20分钟户外自主探索的活动，让孩子每天与大自然亲密接触，自主进行观察、探究等。20分钟自由谈：每天来园，我们安排20分钟时间开展晨会活动，让幼儿自由表达自己想法。20分钟自主阅读活动：每天安排20分钟幼儿自主阅读的时间。

"free 60 活动"将弹性时空延伸到每一天，从阅读、科学探索、表达三个方面给孩子更多个性化空间，更多自由自主选择的权利，更多发现自我、发现同伴的机会，积累丰富的经验，让孩子在自由宽松中创造。

三、推进课程园本化建构

随着课程研究的不断深入，我们老师的观念不断在变化。但在实施共同性课程的过程中，我们发现了一些问题。

案例 3

10月份，教师组织集体教学活动"京剧脸谱"，老师展示了大量的京剧人物的照片、视频，让孩子了解生、旦、净、丑等角色。因为孩子刚从中班升入大班，前期也没有积累这方面的经验，整个活动孩子一点兴趣也没有。

从这个案例可以看出：在课程实施上教师缺少对孩子经验的把握以及对学习有效性的理解。

如果老师的这种课程观念不改变的话，我们的共同性课程就很难促进每一个幼儿的发展，如何将共同性课程园本化、班本化、生本化？因为共同性课程是我们的核心课程，是幼儿获得全面发展的最重要课程。

因此，我们解读《上海市学前课程指南》，将基础课程逐步园本化。这个课程到目前我们已经走过了三步：**一是根据幼儿培养目标理清发展序列。**我们首先对课程目标进行分类、重组、细化，让教师将设计后的逐条目标内容与搜集归纳的本园幼儿一般发展特征或行为进行对照、印证。教师说："这就是平时我们能观察到、能理解的幼儿实际状态……有了'接地气'的课程目标，我们带班心中有底了"。**二是关注幼儿行为，把握幼儿基本经验。**在一次研讨中，有位教师在园本化研究中提出："《参考用书》中小班下学期的'好朋友'与中班'幼儿园里朋友多'的主题从幼儿的活动经历来判断与幼儿实际水平不太相符。"她提出的问题推动了教师的质疑，针对教师提出的问题，我们进入了对幼儿基本经验的研究。同时我们借助访谈、观察等方式，了解不同幼儿的发展起点，确定当前主题的基本经验。**三是设计基于不同幼儿发展需求的活动样式。**我们根据幼儿基本经验，不断开发园本资源，开展丰富多样的富有创意的游戏活动，让每个幼儿按个性需要选择，按自己阶梯（发展速率）成长，按自己的方式主动学习，才能实现幼儿发展状态的具体化，情境化，这也是我园全体教工正积极追求的课程愿景。

表 5-1　基于不同幼儿发展需求的活动样式

目标	基本经验	内容选择	活动安排			
			生活	运动	学习	游戏
形成结伴意识，能与同伴共同完成一件事情。	选择共同参加活动的同伴。	找朋友	朋友预约好朋友餐桌（取餐桌名、预约餐桌）……	结伴暖身……	音游：《找朋友》……	体游：马兰花……

目标	基本经验	内容选择	活动安排			
			生活	运动	学习	游戏
	活动中主动与同伴交流,会询问同伴的需求。	交朋友	……	……	……	……
	在共同活动中,愿意分享、轮流、等待。	赢得朋友	……	……	……	……

当然,共同性课程的园本化我们还是在进程当中,是一个比较艰难的过程,我们现在只能从一个个关键主题上来着眼,希望再过一年两年,经过几轮的实施后,我们在这块会有更成熟的表现。

四、关注幼儿的特殊需求,制定个别化教育计划

在共同性课程园本化实践的过程中,我们通过日常观察、幼儿日常发展性评估,发现每个孩子在他成长的过程中,都有他特殊的发展需求,总会碰到一道道"槛",总会遇到这样或那样的问题。如有的幼儿在生活自理方面存在困难、有的幼儿语言发展比较迟缓、幼儿社会交往的困难等。

从这类孩子的表现可以看出:我们的课程还不能满足个体幼儿的特殊需求。如何给这些有特殊需求的孩子提供一个弹性的教育空间,实现以他的发展为本位的课程呢?

因此,我们关注幼儿的特殊需求,制定个别化教育计划。也就是为有特殊需求的幼儿开发有价值的、富有创意的保教活动。为他们量身制定了"个别化指导计划",即阶梯微课程。"阶梯微课程"让每个孩子得到了适宜、有效的教育,让每个孩子快乐并幸福地成长着。

我们的课程正在越来越聚焦儿童的需求与活动,《上海市学前教育课程指南》给了我们明确的方向,尤其强调了幼儿园建构课程的核心要求:以学习者为主体建构课程,突出课程的整合、师生共建与教育个别化。

《国家中长期教育改革和发展规划纲要(2010—2020 年)》对教育提出了新的要求:"教育要因材施教,关注学生不同特点和个性差异,发展每一个幼儿的优势潜能";"要尊重教育规律和学生身心发展规律,为每个幼儿提供适合的教育。"在这种背景下,我们就从儿童的角度,提出了 MY 课程的构想,MY 课程即我的课程,也就是满足不同幼儿发展需求和激活个性潜能的园本课程。MY 课程让我们更加聚焦儿童的发展,聚焦每个儿童的共性发展和个性需求,努力让课程适合每个儿童的发展,适合群体儿童的发展。

在实践的基础上,我们确定了 MY 课程的理念:尊重儿童的主动选择、满足儿童的快乐体验,增进儿童的有益经验。MY 课程突出幼儿的主体性,注重幼儿的主动性。同时我们也确定了 MY 课程的目标、课程框架体系和实施路径。在实践与研究的过程中,虽然我们感到有一定的难度,但它一定是我们幼儿园未来走向高端必须要思考的问题。未来我们将在自己的课程理念和课程目标下创造更适合儿童需要的实验幼儿园课程——MY 课程。为此,我们努力在这条路上前行!

如何让课程更好满足不同幼儿的发展,这是我们转型的关键。在前行的道路上,我们坚守一个理念:充分尊重每个儿童的发展需求和个性特长,尽心保护和激发每个儿童的智慧潜能,尽力为儿童搭建满足其发展需求、展露优势的平台。这是我们实验幼儿园课程探索的起点和终点。

第三节　让未来,一步步来

记得习近平总书记在 2018 年新年贺词中说:"我们要以庆祝改革开放 40 周年为

契机,逢山开路,遇水架桥,将改革进行到底"。我是一位基层一线的幼儿园园长,生活在一个充满挑战和机遇并存的改革开放的激情年代,亲身经历与体验了教育改革给幼儿园带来的跨越式地变化和发展。

14年前,嘉定在全市率先实行了校长准入制度改革,我通过竞聘上岗担任了外冈幼儿园园长。当时面临的制约园所发展的两大困难,考验着我改革的勇气:教师的专业和当下的课程不能满足孩子们的发展需求;现有的学校管理模式不能有效推进教师的专业发展。面对孩子们一双双清澈明亮、求知若渴的眼睛,我想:"正因为他们是农村的孩子,他们更应该享有高品质的学前教育;正因为她们是农村的教师,更应该创新管理机制促进专业的提升"。

我迎难而上,在2006年启动了课题"网络环境下幼儿园管理创新的实践研究",充分运用信息技术,创新了师资培训新模式;充分运用信息技术,开拓了园本教研活动的新路径;充分运用信息技术,建立新型课程资源库;充分运用信息技术,实现了课程的过程管理和过程评价,实现了高效的幼儿园管理。短短三年时间,把农村幼儿园教师从被动接受管理转变为自主管理的主体,让信息技术彻底变成"老师的专业发展、孩子的健康成长和幼儿园课程建设"的助推器。从而使一所农村二级幼儿园提升为具有教育品质的上海市一级幼儿园,让农村的孩子也享受了与城市幼儿园同等水平的学前教育。2009年外冈幼儿园参加上海市教学督导检查中,得到了市专家领导的高度认可。

幼儿园的发展进程让我深刻地体会到面对问题如果像鸵鸟一样躲避,势必会让问题堆积如山,不仅会影响幼儿园的发展,最终损害的是幼儿的受教育权益。为了孩子,任何一个问题、一个困难都不能回避。2010年4月,我从外冈幼儿园调任到嘉定区实验幼儿园。以"文化铸魂、科技提升"为核心的嘉定品质教育改革给了我更高的平台,但也带给我更大的挑战:如何带领全园教师一起实现自我突破?而实现这个自我突破的最高境界就是看到每个孩子能健康快乐并富有个性的成长。

我思而励行,紧紧聚焦课程这个促进幼儿和谐发展的关键。2010年,带领着教师开展了《基于每个幼儿充分发展的教育过程公平实践研究》课题研究;2015年,又开展了市级课题《满足幼儿发展需求的"我的课程"实践研究》,逐步形成了以"唱响自己,绽放精彩"为课程理念,为每一个孩子提供"量身定制"的 MY 课程体系。MY 课程推进过程中,教师遇到很多困惑。我们秉承"坚持做对的事情,全力以赴解决问题"的实干精神。没有课程空间,我们拓展了"free 60"的自主成长空间;课程不能满足幼儿个性化发展的需求,我们开设了"菜单式课程";教师缺少对孩子经验的把握,我们开展了核心经验的研讨,厘清 MY 课程的目标发展序列;幼儿的学习缺乏真实地探究过程,我们开展了"项目化学习"的研究,推进课程的班本化;面对每个儿童成长过程中个体需求,开设了"个别化教育方案"……我们逐一攻克难关,步步落实。目前,我园 MY 课程已形成了由三大类课程组成的课程体系,即满足全体幼儿终身发展所需的基本经验而设置的普适性课程;满足小群体幼儿的多样兴趣、多元需求和个性特长的菜单式选择性课程;满足个体幼儿持续发展的独特需求而设置的阶梯微课程。

刚刚结束的十九大对新时期教育提出了新要求——"办好学前教育,努力让每个孩子都能享有公平而有质量的教育"。这,也是我在新的岗位——嘉定新城实验幼儿园面临的新的挑战。我认为,未来学前儿童的能力培养出现了四大基本趋势:自主学习能力、创新实践能力、自我认知能力、情感处理能力。

未来,是一个人人想去的地方;未来,是一个拥抱探索者、创新者的地方。展望未来,激发每个幼儿的学习热情、兴趣和内在潜能,让课程精准地满足不同幼儿的发展需求是教育转型的关键,也是品质教育的核心,更是我们新城实验幼儿园改革探索的又一个新起点。过程中我们一定还要面临许多挑战,但我们坚信只要走好当下的每一步就会收获硕果。让未来,一步步来……

后 记

我在1989年7月参加工作,是一名地地道道的幼儿教师。2002年,我在嘉定农村幼儿园外冈镇幼儿园先后任业务园长、党支部书记兼园长。2006年,我评上高级教师。2010年至今,先后任上海市示范园嘉定区实验幼儿园和嘉定新城实验幼儿园党支部书记、园长。回首三十一年教育路,"勇于创新、实干为先"是我教育生涯的脚注。

一、在农村幼教事业中,努力做一名奉献者

在我三十一年的郊区幼儿园教育教学生涯中,有超过三分之一的时间是在农村幼儿园中度过的。当时的外冈幼儿园办园条件比较简陋,很多老师都想离开,我却认为,一所优质幼儿园是可以靠自己的教育智慧和努力去创造的。2004年组织上考虑安排我到城中心去做园长时,我拒绝了。当时我说:"我在幼儿园的教育改革工作刚铺开,园所当前的发展需要我,我也不舍得离开这里的孩子和老师们。"于是我就继续坚守在农村幼儿园的教育第一线,在工作中关爱每个孩子、每个教师的发展,在2006年左右做成了两项全嘉定区首创的改革工作——探索户外游戏的开展、探索网络环境下的教研。

在工作中,我关心爱护每一个孩子。日常带班时,我发现外向活泼的,或者相对内向不多讲话的幼儿,即"两端"幼儿常常得到教师很多关注。而那些不声不响的"中端"幼儿容易被教师忽视。每个孩子的背后都是一个殷殷期盼的家庭,该怎么关注到每个幼儿?让他们都得到发展?我通过教学实践摸索总结出个案建设法——为每一位幼儿建立个案,及时关注每个幼儿的需求,采用有针对性的教学,收到了很好的效果。有

效做法在全区推广,在很大范围内提高了嘉定区学前教育水平。我"以每个幼儿发展为本"的教育理念也就此萌芽,成为日后我们幼儿园"我的课程"的缘起。

此外,在多年的工作中我曾有许多获得荣誉称号的机会。但是我认为:"成就每个教师,就是成就每个孩子。让每个生命绽放精彩是我的教育天职"。一线的老师们比我更需要在成长的道路上获得认可,我应该把更多的鲜花和掌声留给他们。因此,凡是获得荣誉的机会,我都鼓励一线的老师们先上,我也很高兴自己能够助推他们的专业成长。

二、在教育改革上,努力做一名课程领导者

2010 年,我园新城部刚刚开办,孩子之间个体差异也很大——有孩子患有脑瘫而无法走路,有孩子严重不适应社会等,统一课程难以满足不同孩子的发展需求。同年,《上海市中长期教育改革和发展规划纲要》颁布,对学前教育提出了"为所有儿童健康、幸福成长实施快乐的启蒙教育"的要求。

如何让每一个儿童健康快乐成长?"我的课程"在随后的一次次探索中应运而生。"我的课程"是我在嘉定新城实验幼儿园任园长的十年来,在"上海市二期课改"的浪潮下,引领全园老师先后立项了三个市级区级科研课题《基于每个幼儿充分发展的教育过程公平实践研究》《基于幼儿学习需求的"MY 课程"的规划与实施研究》《指向每个幼儿的教育活动设计—实施—评价的循环改进实践研究》,在实践探索中构建的。"我的课程"以实现教育过程公平为内涵,关注每一个幼儿的发展,是我从教三十一年教育理念的高度凝练,具体为:以幼儿的学习与发展需求为导向,以每个幼儿的发展为本;帮助教师看到并支持每一个孩子,提升教师课程领导力;深研儿童权利,把属于儿童的权利还给儿童,让儿童成为发展的主人。

"我的课程"前后经历了四个发展阶段。阶段一:个案让每个幼儿的发展"看得见",解决"重两端、轻中端"问题;阶段二:建设需求导向的三类课程,让每个幼儿"活

起来";阶段三：深研差异化实施的四类活动,让每个幼儿"有获得感";阶段四：探索尊重儿童权利的课程,让每个幼儿成为自身发展的主人。"我的课程",凸显了幼儿的选择性、实践性和针对性,在嘉定区独树一帜,也对上海市幼儿园课程教学改革提供了经验,研究成果由市教研室在 2020 年暑期全区教研员培训中进行了推广和介绍。此外,"我的课程"研究与实践成果应邀在市教委教研室进行的"上海教改 30 年"专题会上作交流;多次承办上海市基础教育综改重点项目展示活动与嘉定区课程实施展示活动;2016 至 2019 年,课程的五个相关成果连续三届在上海市学前教育年会上作专题报告,还承办二次年会现场展示活动。

"我的课程"还得到跨省市学前教育专家教师的关注,曾多次开展跨省市、跨区县的课程展示,向上海十六个区、全国十余个省市的相关幼儿园辐射影响,包括香港、海南、厦门、四川等。2018 年市普教所将"我的课程"成果在于捷克举办的第 70 届OMEP 国际研讨会上交流,获广泛好评。

"我的课程"实践探索中经历了从"教师意愿"到"儿童需要"到"儿童权利"的变革。在过程中,我转变了教师的课程观和课程教学行为,实现了"以每个幼儿发展为本"理念与真实教学行动的统一,我园也被上海市教委确立为教育综合改革重点项目实验学校。

三、在教育专业发展上,努力做一名研究者

作为一线教育工作者,我对自身专业发展孜孜以求。早在 2006 年左右在外冈幼儿园任职时,我就做成了两项全嘉定区首创的改革工作——探索户外游戏的开展、探索网络环境下的教研。

以户外游戏的研究为例。2006 年我经过长期教学实践,总结出幼儿游戏活动的"四个自主":自主选择场地、自主选择玩伴、自主选择材料、自主把控进程,把游戏的自主权还给幼儿。并带动全园老师,把幼儿游戏从室内搬到户外,让幼儿在户外游戏

中更好地快乐发展。我的这项研究为嘉定区首创,得到上海市教委基教处何幼华处长等专家的高度肯定。

探索网络环境下教研的研究时值 2005 年,我创新在幼儿园搭建起"网络课程通"教研平台,并依托课题《网络环境下幼儿园管理与教学的研究》开始改革,打破时空界限,利用网络创新教师专业发展新路径。我的课题获区一等奖,改革成果推广到全区每个幼儿园并沿用至今。

我先后主持了两个市级课题、四个区级课题的研究,相关成果在上海市级会议上交流十二次,区级交流二十次;研究成果曾连续获得三届嘉定区教科研成果一等奖;相关论文在各类期刊上发表二十篇;获国家级奖项两项。2018 年,我的教育专著《MY 课程——叩响儿童心灵》由华东师范大学出版社正式出版。目前另一本专著《MY 课程——运动实战攻略》也已交付华东师范大学出版社,目前已在排版,不日将正式出版。

四、在教学队伍发展上,努力做一名支持者

三十一年教师生涯、十六年园长经历让我非常重视教师队伍建设工作,一所好学校,必须要有一大批"师德高尚、专业过硬"的好教师。因此我积极推进共同体发展,并把自己"关注每一个"的教育智慧迁移到对教师的培养工作中——"五慧"活动,推动师德建设;分层分类的个性化研修机制,关注每个教师的发展;MY 管理四环节模式,助推教师自主评价、自主发展。

在团队的共同努力下,我园教师在全国、上海市、嘉定区级获奖很多:四人获上海市中小学中青年教师教学评选活动一等奖、二等奖;六人被评为嘉定区学科带头人、十五人被评为嘉定区骨干教师、二十人为教学新秀;有六人晋升为高级教师。2018 年,幼儿园教师获教育部颁发的全国优秀案例奖。近五年,幼儿园教师立项的上海市、嘉定区级课题二十项;六十余篇科研文章在各级各类刊物上发表。我任园长期间,还培养了正副园长十四名,输送到其他幼儿园,为嘉定区学前教育事业尽了自己的一份力。

在教育工作中,我的理念是"成就每个幼儿、成就每个教师"。未来,我将继续以深研我园尊重儿童权利的"我的课程"为抓手,让"以每个幼儿发展为本"的儿童观、教育观在我的一线教育实践中落地生根,最终实现我的教育理想——让每个生命绽放精彩。

陆晔

2021 年 5 月 22 日

"品质课程"阅读书目

学校整体课程规划	978-7-5760-0423-6	48.00	2022 年 1 月
推进育人方式变革的区域教学改进研究	978-7-5760-2314-5	56.00	2021 年 12 月
学校整体课程规划的七个关键	978-7-5760-0424-3	62.00	2021 年 3 月
课堂教学的 30 个微技术	978-7-5760-1043-5	52.00	2020 年 12 月
教学诠释学	978-7-5760-0394-9	42.00	2020 年 9 月
原点教学：提升区域育人质量的策略研究	978-7-5760-0212-6	56.00	2020 年 8 月

品质课程聚焦丛书

自组织课程：语文学科课程群新视角	978-7-5760-1796-0	48.00	2021 年 12 月
数学作为学习共同体：一种新的数学课程观	978-7-5760-1746-5	52.00	2021 年 12 月
学科育人的整体课程范式	978-7-5760-2290-2	46.00	2021 年 12 月
聚焦育人质量的学科课程设计	978-7-5760-2288-9	42.00	2021 年 11 月
活跃的学习图景：学校课程深度实施	978-7-5760-2287-2	48.00	2021 年 11 月
学科文化：英语学科课程新视角	978-7-5760-2289-6	48.00	2021 年 12 月
课程联结：学科课程群设计方法	978-7-5760-2285-8	44.00	2021 年 12 月
数学学科课程决策：专业视角	978-7-5760-2286-5	40.00	2021 年 12 月
特色项目课程：体育特色课程的校本建构	978-7-5760-2316-9	36.00	2021 年 12 月
进阶式探究课程设计：学科整合视角	978-7-5760-2315-2	38.00	2021 年 12 月

学校课程发展精品丛书

学科课程群与全经验学习	978-7-5760-0583-7	48.00	2021 年 1 月
育人目标与课程逻辑	978-7-5760-0640-7	52.00	2021 年 2 月
学科课程与深度学习	978-7-5760-0505-9	52.00	2021 年 2 月
学校课程的文化表情：百花园课程的学科指向与深度实施			
	978-7-5760-0677-3	38.00	2021 年 2 月
学校文化与课程变革	978-7-5760-0544-8	62.00	2021 年 2 月
语文天生重要：语文学科课程群设计	978-7-5760-0655-1	44.00	2021 年 2 月
五育并举的课程体系：致良知课程的旨趣与探索			
	978-7-5760-0692-6	48.00	2021 年 1 月

学科课程与育人质量	978-7-5760-0654-4	48.00	2021 年 1 月
在地文化与课程图谱	978-7-5760-0718-3	46.00	2021 年 2 月
中观课程设计与学科课程发展	978-7-5760-0624-7	36.00	2021 年 1 月
大教学：英语学科核心素养培育的课程模式	978-7-5760-0462-5	46.00	2021 年 1 月

特色学校聚焦丛书

儿童是天生的探索者：360° 科学启蒙教育	978-7-5675-9273-5	36.00	2020 年 2 月
做精神灿烂的教师：教师自我成长的 5 个密码	978-7-5760-0367-3	34.00	2020 年 7 月
让教育温暖而芬芳	978-7-5760-0537-0	36.00	2020 年 9 月
快乐教育与内涵生长	978-7-5760-0517-2	46.00	2020 年 12 月
故事教育与儿童发展	978-7-5760-0671-1	39.00	2021 年 1 月
美好教育：学校内涵发展的循证研究	978-7-5760-0866-1	34.00	2021 年 3 月
把美好种进儿童心田	978-7-5760-0535-6	36.00	2021 年 3 月
倾听生命的天籁："天籁教育"的实践与探索	978-7-5760-1433-4	38.00	2021 年 9 月
为了每一个孩子的美好心愿	978-7-5760-1734-2	50.00	2021 年 9 月
向着优秀生长："模范教育"的理念与实践	978-7-5760-1827-1	36.00	2021 年 11 月
让个性自然发荣滋长："引发教育"的理论寻源与实践探索			
	978-7-5760-2600-9	38.00	2022 年 3 月

跨学科课程丛书

大情境课程：主题设计与创意评价	978-7-5760-0210-2	44.00	2020 年 5 月
社会参与素养的培育模型与干预机制	978-7-5760-0211-9	36.00	2020 年 5 月
大概念课程：幼儿园特色主题活动设计	978-7-5760-0656-8	52.00	2020 年 8 月
项目学习：进入学科的课程智慧	978-7-5760-0578-3	38.00	2021 年 4 月
STEAM 课程的设计与实施	978-7-5760-1747-2	52.00	2021 年 10 月
幼儿个性化运动课程	978-7-5760-1825-7	56.00	2021 年 11 月
幼儿园特色课程的框架与实施	978-7-5760-2598-9	48.00	2022 年 3 月

核心素养导向的课堂教学丛书

| 转识成智的课堂教学：核心素养导向的历史教学 | | | |
| | 978-7-5760-0164-8 | 40.00 | 2020 年 5 月 |

学导式教学：学会学习的教学范式	978-7-5760-0278-2	42.00	2020 年 7 月
高阶思维教学的关键技术	978-7-5760-0526-4	42.00	2021 年 1 月
会呼吸的语文课：有氧语文的旨趣与实践	978-7-5760-1312-2	42.00	2021 年 5 月
高阶思维教学的核心指向	978-7-5760-1518-8	38.00	2021 年 7 月
磁性课堂：劳动技术课就这样上	978-7-5760-1528-7	42.00	2021 年 7 月
核心素养导向的作业设计	978-7-5760-1609-3	40.00	2021 年 8 月
语文，让精神更明亮	978-7-5760-1510-2	42.00	2021 年 9 月
"六会"教学法：基于核心素养的课堂教学	978-7-5760-1522-5	42.00	2021 年 9 月

特色课程建设丛书

教师，生长的课程	978-7-5760-0609-4	34.00	2020 年 12 月
学校课程发展的实践范式	978-7-5760-0717-6	46.00	2020 年 12 月
丰富学习经历：如歌式课程的愿景与深度	978-7-5760-0785-5	42.00	2020 年 12 月
学科课程群设计方法	978-7-5760-0579-0	44.00	2021 年 3 月
学校美育课程的立体建构：菁华园课程的逻辑与框架			
	978-7-5760-0610-0	36.00	2021 年 3 月
关键学习素养与学科课程设计	978-7-5760-1208-8	34.00	2021 年 4 月
学校课程设计：愿景建构与深度实施	978-7-5760-1429-7	52.00	2021 年 4 月
生长性课程：看见儿童生长的力量	978-7-5760-1430-3	52.00	2021 年 4 月
"慧阅读"课程：儿童视角	978-7-5760-1608-6	42.00	2021 年 6 月
诗意栖居的课程愿景：智慧岛课程的逻辑与深度			
	978-7-5760-1431-0	44.00	2021 年 7 月
每一个孩子都是最重要的人：V–I–P 课程的内在意蕴与学科视角			
	978-7-5760-1826-4	54.00	2021 年 8 月
给每一个孩子带得走的能力：并养式课程的旨趣与探索			
	978-7-5760-1813-4	42.00	2021 年 10 月
指向核心素养的课程统整框架：I AM BEST 课程的学科之维			
	978-7-5760-1679-6	48.00	2021 年 11 月